MW00620240

El poder del
karma

MARY T. BROWNE

El poder del
karma

Cómo comprender su pasado
y compartir su futuro

EDICIONES OBELISCO

Si este libro le ha interesado y desea que lo mantengamos
informado sobre nuestras publicaciones, escríbanos
indicándonos qué temas son de su interés (Astrología,
Autoayuda, Ciencias Ocultas, Artes Marciales, Libros Infantiles,
Naturismo, Espiritualidad, Tradición) y gustosamente le complaceremos.

Puede consultar nuestro catálogo en http://www.edicionesobelisco.com

Colección Nueva Consciencia
EL PODER DEL KARMA
Mary T. Browne

1ª edición: octubre de 2004

Título original: *The Power Karma*

Traducción: *José M. Pomares*
Portada: *Michael Newman*
Fotocomposición: *Text Gràfic*

Edita: Ediciones Obelisco, S.L.
Pere IV, 78 (edif. Pedro IV) 3.ª planta 5.ª puerta
08005 Barcelona - España Tel. 93 309 85 25 - Fax 93 309 85 23
E-mail: obelisco@edicionesobelisco.com

Depósito legal: B. 40.007 - 2004
ISBN: 84-9777-122-2

Printed in Spain

Impreso en España en los talleres gráficos
de Romanyà/Valls, S.A. de Capellades (Barcelona)

Para Lawrence

Con gratitud y respeto a mi editora, Jennifer Brehl;
a mi agente, Jan Miller y sus colaboradores;
y mi agradecimiento especial a Michael
Broussard, y a mi hermana, Sheila Browne.

¿Qué es el karma y cómo me afecta?

El karma es la ley universal de causa y efecto. Se cosecha lo que se siembra. Se obtiene lo que se merece. Se es lo que se come. Si se entrega amor, se obtiene amor. La venganza se revuelve contra el vengador. Lo que se da es lo que se recibe.

«Karma» significa, literalmente, acción. Una buena acción equivale a un buen karma; una mala acción equivale a un mal karma. Cada individuo es el único responsable de sus propias acciones y cada acción producirá una reacción igual en todos los sentidos a la idoneidad de la acción.

El karma es justicia. No recompensa ni castiga. No demuestra favoritismo porque tenemos que ganarnos todo lo que recibimos. El karma no predestina a nadie ni a nada. Somos nosotros los que creamos nuestras propias causas y el karma no hace sino adaptar los efectos, con un equilibrio perfecto.

Muchas personas están convencidas de que no pueden hacer nada para cambiar su karma, que está predeterminado de modo que, ¿para qué intentar cambiar su situación? Eso es lo que asusta a la gente. Esas personas creen que para aceptar la realidad del karma uno tiene que ser pasivo. Eso, sencillamente, no es cierto. El karma es activo. En un abrir y cerrar de ojos podemos tomar decisiones que configurarán nuestros futuros y transformarán las partes de nuestras vidas que nos están causando infelicidad.

Hay que pensar en el karma como en un banco. El banco del karma es un establecimiento imparcial, honorable, incorruptible, infaliblemente sólido. Cada persona del universo tiene una cuenta en este depósito colosal. Cada vez que se realiza una acción positiva, se añade buen karma a la propia cuenta. Cada acción negativa que se realiza produce un mal karma. El objetivo final consiste en mantener la cuenta en un equilibrio perfecto. Cuando eso se logra, habrá llegado usted a controlar su karma.

Introducción

He utilizado mis dones psíquicos para aconsejar a las personas desde hace más de veinte años. Durante ese tiempo, miles de personas han acudido a mí, en busca de asesoramiento en sesiones privadas. La mayor parte de mi trabajo implica ayudar a la gente a identificar sus problemas y, una vez reconocidos, sugerirles soluciones. No controlo el destino de nadie. He pasado mucho tiempo revisando los asuntos más importantes que afectan a las mentes de mis clientes, amigos y conocidos. Tanto si la persona en cuestión es un presidente ejecutivo de una gran multinacional de Fortune 500, un corredor de Bolsa de Wall Street, una telefonista, una secretaria, un estudiante, una madre o una periodista, todos ellos tienen un hilo común en sus vidas. Las circunstancias personales varían, pero las necesidades son similares: todo el mundo anhela tener salud, amor, seguridad y equilibrio. No obstante, la paradoja es que, con demasiada frecuencia, la gente cree que esos objetivos se pueden alcanzar con mayor efectividad mediante la manipulación del sexo, el dinero y el poder. La gente acude a mí con la esperanza de que mis dones psíquicos les ayuden, prediciéndoles la mejor forma de alcanzar sus deseos.

Mi principal centro de atención y la pasión de mi trabajo siempre ha sido y continúa siendo la consulta privada personal con gente que procede de todos los ámbitos de la vida. Con el transcurso de los años, mi consultorio creció tanto que resultó imposible ver a todos los que solicitaban una lectura o una sesión privada de curación. Tenía que hacer algo al respecto, de modo que ponerme a escribir fue la forma más práctica de compartir mis conocimientos y mi experiencia con un público mucho más amplio.

Mi primer libro, *Amor en acción* estuvo inspirado por una sesión de consulta con una clienta que me dijo: «He venido a verla porque estoy tratando de encontrar a Dios». La gente acudía a verme por muchas razones. Unos pocos lo hacían por simple curiosidad. Algunas me planteaban preguntas concretas, como: «¿Me casaré con mi novio actual?», «¿Qué oferta de trabajo debería aceptar?», o «¿Cuántos hijos voy a tener en mi vida?». Aquella, sin embargo, fue la primera vez que alguien me pedía ayuda para encontrar a Dios.

Estábamos a finales de la década de los años ochenta, la llamada generación del «yo». La gente no le encontraba sentido a su vida y experimentaba un profundo vacío espiritual. En aquel libro compartí mi convicción de que el camino más directo para encontrar a Dios era sirviendo a los demás de cualquier modo que uno pudiera. Una persona no tenía por qué ser el Mahatma Gandhi o la madre Teresa para llevar una vida útil. Tampoco había que ser un bonachón o una sacrificada para llevar una vida de servicio a los demás. Cada acción realizada para ayudar a otra persona es un paso que nos acerca más a Dios; cada vida individual tiene la misma importancia que cualquier otra. *Amor en acción* presentó al lector un enfoque espiritual que conducía a la libertad y a la felicidad.

Escribí *Vida después de la muerte* porque uno de cada dos clientes me pedía que le ayudara a comprender lo que sucede cuando morimos. Desde la guerra, los jóvenes de ambos sexos nunca habían encontrado con tanta frecuencia como ahora una muerte tan trágica. En mi opinión, la depresión que conduce a la desesperación, las enfermedades como el Parkinson (que hasta entonces únicamente habían afectado a los ancianos) y la epidemia de sida eran algunas de las razones más comunes que explicaban el repentino interés de la gente por la vida después de la muerte. El hecho de tener la habilidad para ver físicamente visiones de la vida después de la muerte me proporcionó una experiencia de primera mano para escribir ese libro. La continua respuesta positiva que ha encontrado *Vida después de la muerte* me demuestra que la gente puede superar el temor a la muerte, alcanzando así un aprecio mucho mayor por el carácter sagrado de la vida.

Y ahora escribo *El poder del karma* porque, en estos momentos, las preguntas que me plantean mis clientes con una mayor frecuencia se refieren a la ley del karma y a cómo ésta tiene un impacto directo sobre nuestras vidas cotidianas:

1. ¿Está predestinado todo en nuestras vidas?
2. Hago todo lo que puedo por ser una buena persona, ¿por qué, entonces, hay tanta confusión en mi vida?
3. ¿Encontraré alguna vez a mi pareja sentimental?
4. ¿Por qué murió mi madre de cáncer? Fue la persona más amable que conocí.
5. Hago todo el trabajo de mi jefe, a pesar de lo cual nunca me lo agradece y, encima, gana veinte veces más que yo. ¿Por qué me ocurren a mí estas cosas?
6. Sigo una dieta estricta, voy al gimnasio, cuento todas las calorías que ingiero y, a pesar de todo, tengo un sobrepeso de quince kilos. El médico me dice que la tiroides me funciona perfectamente. ¿Por qué mi cuerpo responde de esta manera?
7. Me juró que me amaba. ¿Por qué no ha vuelto a llamarme?
8. ¿Es un engaño mantener relaciones sexuales con alguien a quien se ha conocido por Internet?
9. Fui a un astrólogo que me dijo que había nacido para ser famosa. ¿Cuándo será eso?
10. ¿Cree usted en la reencarnación? Tuve una regresión a una vida pasada y se me dijo que esta sería mi última vida sobre la tierra.
11. Quiero abandonar a mi esposo para marcharme con mi amante. ¿Tendré que lamentar esa decisión?

12. ¿Por qué me sucede a mí? ¿Estoy pagando acaso por algo que hice en una vida anterior?

Las revistas, los periódicos, la televisión y las películas están utilizando el término «karma» con tanta frecuencia como en otro tiempo empleaban la frase «Lo que se da es lo que se recibe», o «Cada cual recibe lo que se merece». Se trata de un término del que muchos creen que únicamente encaja en un vocabulario oriental o de la Nueva Era, pero que ahora se ha convertido en parte integrante de nuestro lenguaje cotidiano.

Para mí estaba meridianamente claro que se necesitaba con urgencia una explicación del karma, la reencarnación, la predestinación y el libre albedrío. Había que disipar la fantasía de que las cosas nos ocurren por casualidad, por la suerte de la inspiración, que sólo vivimos una vida, que alguna fuerza omnipotente elige por nosotros y que no tenemos poder alguno para tomar decisiones por nosotros mismos.

Existe un claro deseo de encontrar una forma práctica de comprender cómo funciona el karma y cómo podemos elaborar nuestro karma. No puede haber karma sin reencarnación, de modo que hay que explicar meticulosamente el inextricable vínculo que existe entre estas dos doctrinas. El karma y la reencarnación se han mantenido como enigmas durante demasiado tiempo. No es posible realizar transformaciones duraderas, ya sean físicas, espirituales o psicológicas, sin el conocimiento del karma y del impacto directo que tiene sobre todos los aspectos de nuestras vidas. Las visualizaciones, las afirmaciones, el pensamiento positivo, las meditaciones curativas, las invocaciones o cualquier otra práctica similar no serán sino un despilfarro de tiempo a menos que entendamos primero lo que es el karma.

La comprensión del equilibrio tiene una importancia fundamental para nuestro estudio del karma. Vivir en equilibrio significa tener paz interior y estar al mismo tiempo en paz con el mundo exterior. Eso es armonía. Y eso es algo que, de una forma u otra, le falta a la gente: algunos disfrutan de una salud perfecta, pero no tienen dinero; otros disfrutan de unas fabulosas relaciones sexuales, pero no tienen trabajo; otros tienen dinero, pero mala salud; algunos tienen poder, pero no amor.

El leitmotiv de mi vida es mi filosofía personal de que todo es karma. Al compartir mi fe apasionada en el karma y en la reencarnación, estoy convencida de que la gente empezará a aprender a tener paciencia consigo misma y con los demás. Después de todo, ¿a qué viene tanta prisa? Tenemos toda la eternidad por delante. Hay mucho tiempo para aprender a crecer y a encontrar la felicidad. Sólo cabe hacer las cosas lo mejor que podamos ante cualquier situación que se nos presente.

Incluso cuando nos enfrentamos a momentos difíciles y sabemos que, probablemente, aún nos esperarán otros momentos más arduos en el futuro, tenemos una enorme oportunidad para el crecimiento espiritual. Debemos recordar que todo es karma y que la configuración de nuestro futuro únicamente depende de nosotros mismos.

1. Karma

¿DE DÓNDE PROCEDE EL KARMA?

No me sorprende la intensidad de la confusión de la gente respecto del karma. Si se preguntara a diez personas el significado de la palabra, se obtendrían diez respuestas diferentes. «¿Significa destino?» «¿No fue esa una palabra utilizada en Woodstock en los años sesenta?» «Creo que karma significa que hice algo mal.» «¿No es algo que tiene que ver con los budistas?» «Ah, sí, claro, significa destino.» La mayoría de la gente sabe que los diez mandamientos proceden de la Biblia, pero no tiene ni la menor idea de dónde se originó el karma.

El karma y la reencarnación son las principales doctrinas del budismo y también fueron enseñados por sistemas de la filosofía esotérica, como las escuelas pitagórica y platónica. Pero, para nuestros propósitos prácticos, empezaré con Adán y Eva.

ADÁN Y EVA

La necesidad generalizada y común en todos los seres humanos de lograr salud, sexo, dinero y poder nació en el momento mismo en que el espíritu entró en el cuerpo físico y se vio obligado a vivir en el mundo material. El momento de la definición se produjo cuando Adán y Eva fueron desterrados del Jardín del Edén.

Se les había dado todo, pero con una condición: que no comieran el fruto del árbol del conocimiento del bien y del mal. Comieron de ese fruto. Quebrantaron la ley y pagaron el precio por ello. Ninguna divinidad les dictó su karma, sino que ellos mismos lo atrajeron sobre sí. Adán y Eva fueron desterrados de la vida perfecta que habían llevado hasta entonces. A partir de ese momento, todo el mundo tuvo que trabajar duro para ganarse la felicidad. Ya no habría más almuerzos gratuitos. La materialidad se convirtió, pues, en una necesidad para alcanzar el logro espiritual. Dicho de otro modo más simple: tuvimos que trabajar para ganarnos el sustento y el cobijo, afrontar las relaciones personales, los problemas de salud y la muerte.

El karma nació cuando nació la humanidad. La historia de Adán y Eva es una metáfora del espíritu encarnado en un cuerpo físico. «Edén» podría ser otra palabra para significar el mundo del espíritu, un lugar lleno de belleza y armonía donde el alma existe después de que el cuerpo ha muerto. El destierro de Adán y Eva nos dio una lección para el desarrollo del alma. El mundo físico nos da a cada uno de nosotros miríadas de oportunidades para aprender, en último término, a vivir en equilibrio, es decir, en armonía. Los golpes kármicos que nos parecen tan duros se transforman a menudo en lo mejor que nos podría suceder.

QUIZÁ SE PREGUNTE CÓMO SÉ TANTO SOBRE EL KARMA

En primer lugar, soy vidente y poseo una fe innata en la ley del karma. Mi don psíquico me da la habilidad para percibir cosas sin necesidad de que nadie me las diga. El karma siempre ha tenido un sentido perfecto para mí. En segundo lugar, mis estudios de budismo, hinduismo, judaísmo, cristianismo y la teosofía apoyan esa convicción. En tercer lugar, las profundas conversaciones mantenidas con mi maestro me confirman que el karma es la única respuesta práctica, sana, sensata, integrada, inteligente, lógica, conveniente y sana al por qué les suceden cosas buenas a personas malas o por qué suceden cosas malas a personas buenas. Finalmente, he visto el efecto del karma en acción en mi propia vida y en las vidas de todas las personas a las que he conocido.

Todo el mundo se halla sujeto a los efectos del karma, tanto si se comprende la ley del karma como si no. Por ejemplo, no se dio usted cuenta de la señal que indicaba la prohibición de aparcar, a pesar de lo cual le pusieron una multa. Hizo todo lo que pudo para convencer al agente municipal que no había sido culpa suya. A pesar de todo, le puso la multa porque usted quebrantó la ley. La ignorancia de la ley no exime de su cumplimiento. ¿Quién, de entre nosotros, no ha experimentado algo semejante?

MI CURIOSO KARMA

Algunas personas nacen para ser cantantes, médicos, científicos o pintores, y otras nacemos dotados de dones psíquicos. Cientos de personas me han preguntado: «¿Por qué nació como una vidente y yo no?». No puedo dar ninguna respuesta, excepto decir: «Nací con un don psíquico. Tuve que haberlo desarrollado en vidas pasadas. Mi karma consiste en decidir cómo lo voy a manejar en esta vida».

Ese don, como todos los dones, es inútil si quien lo posee no hace nada con él. Una bellota nunca se convertirá en árbol si no se planta. Necesité motivación, disciplina, introspección, paciencia, tenacidad y sentido del humor para configurar mi don como un vehículo para ayudar a los demás. Las personas dotadas de dones psíquicos han existido desde los albores de la humanidad.

La primera experiencia verdaderamente psíquica que recuerdo me sucedió cuando tenía siete años. Mi hermana y yo nos habíamos trasladado a Iowa, para vivir con nuestra abuela Grace. Mi tía abuela Mayme era la propietaria de la funeraria de la ciudad. Un día me pidió que acudiera para contestar el teléfono, ya que tenía que ausentarse. Tras explicarme con exactitud lo que tenía que hacer en caso de que recibiera una llamada, se marchó. Tomándome el trabajo con mucha seriedad, me senté en el despacho y miré fijamente el teléfono. No había transcurrido mucho tiempo cuando empecé a sentirme inquieta, así que recorrí el salón de la funeraria. Sin saber bien qué me había llevado hasta allí, me encontré atraída hacia una de las salas en la que se había previsto un velatorio a últimas horas de ese mismo día.

Era temprano, de modo que no había llegado todavía ningún familiar del fallecido. Demasiado tímida para entrar en la sala, me quedé de pie en la puerta de la habitación donde estaba el ataúd, percibiendo un silencio que poseía la cualidad del que se nota al entrar en una iglesia. La estancia estaba llena de flores y del olor céreo de las velas. De repente, uno de los arreglos florales pareció flotar en el aire. Por un momento, las flores parecieron suspendidas en el espacio y luego, con la misma suavidad, empezaron a moverse por la habitación. Cerré los ojos y luego los volví a abrir, esperando que la aparición se hubiese desvanecido, pues pensé que sin duda debía de tratarse de un producto de mi imaginación. Pero no fue así. Las flores seguían suspendidas en el aire. Luego, vi la más débil sombra de una mujer que sostenía el ramo. Tenía una sonrisa radiante, me saludó con una mano, volvió a colocar las flores en su lugar original y luego desapareció. En ese momento, me acerqué directamente al ataúd. La persona que yacía en su interior era la mujer que había sostenido las flores. No experimenté temor alguno. Sentí un gran entusiasmo que me inundaba y en ese momento tuve la absoluta certeza de que no había muerte. Al contarle a mi abuela lo que había sucedido, ella asintió, como si me comprendiera. Me dijo que no se lo contara a nadie, porque la mayoría de la gente no me creería. «Tienes un don. Siéntete agradecida por ello», me dijo. La abuela Grace era una mujer muy práctica. Estaba profundamente convencida de su fe católica. Nunca había hablado sobre ningún tipo de fenómenos psíquicos. El curioso don que yo poseía no fue estimulado en modo alguno en mi hogar. Y, sin embargo, la sencilla confirmación de mi abuela de que estaba bien ser una vidente fue suficiente para que me sintiera segura. Nunca sentí la necesidad de hacer preguntas específicas sobre las habilidades psíquicas. También sabía que mi abuela acababa de decirme todo lo que estaba dispuesta a decirme sobre el tema.

Una de mis mejores amigas de la infancia me recordó que mi habilidad para localizar objetos perdidos con gran exactitud se había iniciado cuando éramos niñas. Alguien decía: «No encuentro las llaves», a lo que yo replicaba: «Están detrás del tercer libro de la estantería de tu dormitorio». La persona en cuestión iba a ver si las llaves estaban allí e, inevitablemente, regresaba con las llaves en la mano, preguntándome: «¿Cómo lo sabías?». No había ninguna explicación racional de cómo lo sabía, ya que no había estado en ninguna parte cerca de la casa de aquella persona. Quizá parezca extraño que aceptara mi habilidad con tanta facilidad. Se me enseñó a no fanfarronear y para mí era normal encontrar cosas. Simplemente, eso formaba parte de mí. Me sucedía con tanta frecuencia que quienes me conocían se acostumbraron a ello y dieron por sentada mi habilidad. Nadie dio una gran importancia a mis dones psíquicos. Creo que esa es la razón principal por la que siempre me he sentido muy cómoda conmigo misma. Después de encontrar un diario que escribí cuando tenía doce años, me sorprendió leer en él: «Sé que he vivido antes y que volveré a vivir». Por lo visto, creía en la reencarnación incluso antes de haber escuchado esa palabra. Aunque mi abuela me confirmó que yo tenía «un don», en ningún momento me habló de vidas pasadas y en nuestra ciudad de Iowa no había libros de metafísica. No existe ninguna base ambiental o científica que explique mi creencia en la antigua filosofía de la reencarnación. Simplemente, tuvo sentido para mí el pensar que ya había vivido antes.

Fui una niña creativa, que cantaba desde muy pequeña y que siempre estuve muy interesada por el teatro. Tras graduarme en la escuela superior, fui a la Universidad de Iowa a estudiar música y arte dramático. En la escuela desempeñé un trabajo a tiempo parcial en una librería. Fue allí donde me vi expuesta por primera vez a los libros sobre temas de metafísica, especialmente a obras relativas al karma, la reencarnación y la vida después de la muerte. Mantuve ese interés después de abandonar la universidad y trasladarme a vivir a Nueva York.

Mis primeros años en Nueva York se dividieron entre mi interés por el teatro y el estudio de la metafísica. Mis habilidades psíquicas se intensificaron y agudizaron y desarrollé un abrumador deseo de ayudar a los demás. Al asistir a las audiciones para la elección de actores, siempre sabía quién obtendría qué papel. Sólo tenía que mirar a mi alrededor y ver con «el ojo de mi mente» quién sería el elegido. Miraba a una persona y ya lo sabía. A menudo, teníamos que esperar durante horas a entrevistarnos con el director y dedicaba ese tiempo a dar lecturas psíquicas a las personas que encontraba allí. Simplemente, las cosas sucedían; empezaba a hablar con alguien y a mi mente acudía la información psíquica. Otras personas presentes en la sala me oían hablar y, al cabo de poco tiempo, se había formado un numeroso grupo a mi alrededor. Se sabe que las actrices y actores son gentes de mentalidad abierta, de modo que aceptaban mi don con naturalidad y se mostraban agradecidos por las lecturas.

En ese período de mi vida deseaba con desesperación algún tipo de guía, pero no sabía dónde encontrarlo. No necesitaba que nadie me enseñara a ser *más* vidente. Lo que necesitaba era ayuda para aprender a manejar mis habilidades y saber cómo usarlas de la mejor manera posible. Al estudiar por mi propia cuenta, me apasioné con las enseñanzas de Helena Petrovna Blavatsky. Perteneciente a una noble familia rusa, llegó a Estados Unidos en 1873, donde fundó la Sociedad Teosófica. Dotada de extraordinarios poderes psíquicos, viajó y estudió en el Tíbet y publicó muchos estudios.

Su libro más famoso, *La doctrina secreta*, explica en profundidad el karma, la reencarnación, la ciencia, la filosofía y la religión. El mensaje recurrente es: la mayor razón para vivir es estar al servicio de la humanidad. El karma nos permite controlarnos y aprender a vivir en equilibrio con toda la naturaleza. La reencarnación y el karma son las únicas explicaciones sensibles de los acontecimientos aparentemente ilógicos que llenan nuestras vidas. Si se acepta esta enseñanza, de ello se desprende que no se cree ser víctima de nada.

Únicamente atraemos aquellas situaciones que hemos creado nosotros mismos. No existe la «suerte», buena o mala, porque nada ocurre por simple casualidad.

Había llegado a una fase de mi vida en la que no podía seguir sirviendo a dos amos: el teatro y mi deseo de ayudar a los demás mediante la utilización de mis poderes psíquicos. En ese momento cerré la puerta de mis intereses teatrales y, a partir de entonces, las recomendaciones de unos y otros me trajeron clientes. Para mí fue un gran cambio, pero nunca lo he lamentado.

Hay un viejo dicho que dice: «cuando el alumno está preparado, aparece el maestro». Trabajé con clientes durante algo más de un año antes de que se me presentara a mi maestro. Lo llamo Lawrence, aunque no sea ese su verdadero nombre. Lo hago así para preservar su derecho a la intimidad, pero no he alterado nada de las cosas que me ha enseñado.

MI KARMA CON LAWRENCE

Mi primera toma de conciencia de Lawrence, mi maestro, procedió de un sueño recurrente. Tenía aproximadamente diez años cuando se inició. El sueño era el siguiente:

Estaba en una casa, sentada tranquilamente sobre una esterilla, en el suelo. No estaba segura de saber con exactitud qué lugar era, pero parecía tropical porque había encantadoras palmeras y flores exóticas dispuestas en macetas. Estaba tranquila y me sentía a gusto en esa casa sencilla. Un hombre muy alto, con los más intensos ojos azules que jamás había visto, entró en la estancia y tendió una mano hacia mí. Tomé la mano y estudié su rostro, sabiendo, de algún modo, que tenía que recordar sus facciones exactas. Entonces, como si él hubiera sido capaz de leer mis pensamientos, me sonrió y me dijo: «Soy tu maestro. No me olvidarás. Nos conoceremos personalmente cuando llegue el momento adecuado».

Mi primer encuentro personal con Lawrence se produjo hace más de diecisiete años, en un esplendoroso día de primavera, en el Central Park de Nueva York. Una «voz interior» psíquica me impulsó para que acudiera al parque. Esa habilidad para recibir mensajes escuchando a alguien hablar con claridad en la propia mente se llama clariaudiencia. Desperté con el mensaje: «Vístete y ve a Central Park lo más rápidamente que puedas». Llegué allí sin ninguna expectativa definida.

Me senté en un banco, sin darme cuenta de la presencia de Lawrence hasta que él mismo se dirigió a mí, llamándome por mi nombre. Me volví hacia su voz y un estremecimiento de reconocimiento recorrió todo mi ser. Este era el maestro con el que había soñado desde la infancia. Me sentí emocionada y con una sensación de reverencia. Él me tomó de la mano e inmediatamente me tranquilizó.

Lawrence es un hombre, una persona real, no un fantasma. Es muy alto, bastante delgado y parece tener poco más de cincuenta años. No parece envejecer. Tiene los más hermosos ojos azules que haya visto, y posee una profundidad de comprensión y de compasión que no parece terrenal. Y, sin embargo, no es su presencia exterior lo que le hace destacar de entre otros hombres; es su espiritualidad inherente, su aura de armonía total. Debo resaltar que es Lawrence quien decide a quién debe conocer y cuando es necesario un encuentro. Muchas personas me han preguntado si podría presentarles a mi maestro. Sólo puedo responder a eso que no está en mi mano el hacerlo así. Lawrence posee un control completo sobre sus emociones y puede realizar hechos psíquicos extraordinarios a voluntad. Pero nunca demuestra esos talentos sin una buena razón para ello. Resalta que la utilización de los poderes psíquicos puede ser peligrosa y desequilibradora, a menos que la motivación sea la de enseñar o la de servir. Durante los años transcurridos desde mi encuentro inicial con Lawrence, nos hemos encontrado en muchos lugares del mundo. En cierto modo, me siento como un soldado que recibe órdenes y procede a cumplirlas, sin cuestionarlas, sabiendo que la razón se le revelará a su debido tiempo. La mayoría de las veces, sin embargo, sus comunicaciones no se me transmiten de forma personal. En ocasiones se pone en contacto conmigo mediante cartas o llamadas telefónicas. Pero muchas veces Lawrence se comunica metafísicamente, enviándome pensamientos muy poderosos. Cuando lo hace así, escucho su voz y me proporciona ayuda o instrucciones, mientras yo permanezco tranquilamente sentada y escucho sus mensajes.

Le llamo «maestro», a pesar de que en una ocasión me dijo: «Hija mía, no hay ni maestro ni estudiante para aquellos que han encontrado a su verdadero yo espiritual. Una persona así considera como iguales a todos los demás. Tienes que encontrar a la maestra que hay en tu interior y compartir ese descubrimiento con otros. Eso forma parte de tu karma. De ese modo, los demás también se verán bendecidos con una vida de paz interior y de equilibrio».

PARÍS

Una de nuestras reuniones tuvo lugar en París. Recibí una carta suya dándome instrucciones para que acudiera allí. Me dijo que me reuniera con él, a una hora concreta, en la entrada del Museo Rodin. Recorrimos juntos el museo, examinando las obras maestras allí expuestas. «El mayor arte es el de la vida», me dijo.

Estudiamos las formas de las esculturas. Lawrence habló con conocimiento de causa sobre las obras de arte y la historia de los artistas. Sus conocimientos de arte son los de un erudito y van emparejados con una reverencia por el talento del artista y por la belleza de la obra.

«Se necesitan muchas vidas para desarrollar un talento como el de Rodin», dijo. Lawrence comparó con nuestras propias vidas las obras maestras escultóricas de Auguste Rodin y Camille Claudel. Esas obras de arte tomaban la forma de una mano, de un niño que gritaba, de una pareja haciendo el amor, de un hombre inmerso en sus más profundos pensamientos. Todas ellas se habían iniciado como mármol, piedra o arcilla. Los pensamientos del artista habían transformado esos materiales en magníficas formas, inspirando emociones profundas y variadas en el observador.

«Toda vida es una obra de arte en ejecución. Toda persona tiene mucho poder para configurar su propio futuro. Un gran escultor nunca tallaría una piedra al azar. Decidiría la forma que desea producir y luego procedería a moldear su obra de arte. Una persona sabia es aquella que piensa antes de actuar o reaccionar», dijo Lawrence.

Hablamos sobre el karma y la reencarnación y sobre cómo nuestras vidas pasadas afectan a nuestro presente. Resaltó en tres ocasiones que aprendemos más sobre nuestras vidas pasadas examinando nuestra vida presente. Lawrence dijo: «Estos artistas hicieron sus propias creaciones y la humanidad configura su propio destino».

Lawrence abandonó París unos pocos días antes que yo. Me dijo que regresara al Museo Rodin y dedicara tiempo a contemplar las esculturas. Me prometió que volveríamos a vernos muy pronto. «Comprenderás por qué he elegido este lugar concreto para reunirnos.» Regresé al Museo Rodin y estudié parsimoniosamente cada obra de arte. Permanecí de pie ante Le Penseur (*El pensador*), casi sumida en un estado de meditación. Y entonces se me ocurrió. Como un rayo, me di cuenta plenamente de que tenemos el poder para configurar nuestro futuro y controlar nuestro karma en niveles que nunca habríamos imaginado. Empezó a cobrar forma la idea de compartir mis experiencias, pasadas, presentes y futuras.

Lawrence, a su modo profundo y sin embargo pragmático, es una ayuda enorme que nos guía a todos, impartiendo su extraordinaria sabiduría. En cierta ocasión le pregunté por la responsabilidad individual frente al karma individual. Me sonrió y contestó: «Hija mía, si vieras a un hombre que se ahoga, ¿te negarías a salvarlo, convencida de que su karma era el de morir? ¿O te lanzarías a rescatarlo porque tu karma es el de ayudarle a vivir?». Le contesté: «Lo rescataría porque mi karma es el de estar en posición de hacerlo así. Quizá fuese el karma de esa persona el de sentir temor, o el de echar a perder sus ropas... y *no* el de morir. El karma es una vía de dos direcciones. Cada uno de nosotros tiene la responsabilidad de hacer cuanto podamos para ayudar a cualquiera que encontremos en el camino».

Lawrence añadió: «Habrías creado un muy mal karma si hubieses permitido que alguien se ahogara teniendo la capacidad para salvarlo».

MI SEXTO SENTIDO

Existe una gran confusión en todo lo relacionado con las habilidades psíquicas. Para algunas personas, la palabra «vidente» transmite extrañas connotaciones: unas pocas de ellas son, por ejemplo, imágenes de gitanas que dicen la buenaventura examinando bolas de cristal, tableros ouija que deletrean mensajes, lecturas de las cartas del tarot y mesas levitando en sesiones en las que se transmiten saludos de los fallecidos.

Desde la brillante obra de teatro *Espíritu alegre*, de Noël Coward, el público ha identificado su modelo de un médium espiritual con el personaje de madame Arcati. Margaret Rutherford representó su médium ideal como un canal excéntrico, estrafalario, bastante chiflado que iba en bicicleta para transmitir mensajes espirituales. Uno de mis objetivos consiste en disipar esa clase de ideas erróneas. Me gustaría sacar el misterio de lo metafísico, dejando intacto lo milagroso. Uno de las ideas erróneas más comunes es que un psíquico y un médium son lo mismo. Nada podría estar más lejos de la realidad.

Un médium es una persona que se ha convertido en conducto o canal de transmisión entre los vivos y los espíritus de los muertos. Un vidente es alguien capaz de recibir información que se encuentra fuera de la esfera de los cinco sentidos. Por eso, a esta habilidad psíquica también se la conoce como el «sexto sentido».

Los mensajes que recibo de los fallecidos surgen en mi cabeza, en el ojo de mi mente.

Así es como funcionan mis dones psíquicos. Miro a una persona y percibo hechos de su vida sin necesidad de que nadie me los cuente. Por ejemplo, una persona se sienta y yo «conozco» su profesión, sus relaciones personales, temores, estado de salud o lugar de nacimiento. Esa información brota a veces en forma de imágenes. A eso se le llama *clarividencia*.

En la mayoría de las ocasiones, sin embargo, lo que brota en mi mente son palabras, una forma de don psíquico llamada *clariconocimiento*. El clariconocimiento es un sentido mental de conciencia en el que la información fluye de forma espontánea hacia la mente, sin ayuda de visión o sonido alguno. Otra forma de que brote en mí el don psíquico que me transmite información es la *clariaudiencia*, que significa, literalmente, «escuchar con claridad». Se trata de la facultad para escuchar un mensaje vocal en la propia mente, un mensaje que no es audible para quienes no posean esta facultad psíquica.

Además de predecir los acontecimientos del futuro, también puedo discernir de qué modo está afectando el pasado a las circunstancias del presente o cómo afectará a las del futuro. Durante una sesión, predigo la probabilidad más factible basándome en el comportamiento actual de una persona. El libre albedrío siempre puede intervenir y provocar otro resultado al previsto, cambiando así el karma. Por ejemplo, veo a una actriz que obtiene un papel en una obra de teatro de Broadway si ella acudiera a la audición para elegir al elenco de actores. Pero resulta que ella no acude. Es su propia decisión la que la ha privado de obtener ese papel. Ella cambió su karma con su propia acción.

En mi trabajo es muy importante ser consciente de lo mucho que una persona puede soportar a la vez. Todos tenemos una capacidad y un temperamento diferentes. Algunas personas que están muy enfermas quieren conocer todos los detalles que vea sobre la situación de su salud, mientras que otras no lo quieren saber todo de golpe. Tengo la responsabilidad de sintonizar con la persona de que se trate y hablarle de una forma que le sea cómoda y productiva. La firmeza y la sinceridad tienen que ser amortiguadas por la empatía y la amabilidad. Hay momentos en que ser dura significa ser amable. Muchas personas están asustadas cuando vienen a verme, convencidas de que seré la portadora de su inminente condena.

El sentido común nos dice que si vemos algo que está mal en el horizonte, debemos dar los pasos necesarios para evitarlo. Las cosas que parecen desagradables en el momento de realizar una lectura, no siempre son malas noticias, vistas en retrospectiva. Digamos que, por ejemplo, veo a una mujer que mantiene una relación con un hombre que no es sincero. Le cuento los detalles que demuestran que soy capaz de definir el carácter del hombre en cuestión. Ella no desea escuchar que su amado es un pillo porque confía en que se casarán. Le digo que se tome su tiempo para descubrir más cosas sobre el comportamiento del hombre. Quizás ella se sienta desilusionada con las noticia, pero el transcurso del tiempo demuestra que la lectura fue exacta. Finalmente, ella da por terminada la relación. Le dolió en el momento en que lo supo, pero eso le ahorró mucho más dolor a largo plazo.

Veo que un cliente tiene un problema de salud y le aconsejo que acuda inmediatamente a ver a un médico. La lectura de un vidente no puede sustituir a un examen físico. Los videntes no somos médicos y los que actuamos con responsabilidad nunca intentamos dar consejos médicos o psicológicos, que son de la exclusiva responsabilidad de los profesionales médicos. Se le puede decir a un cliente que se ve en él un problema físico o mental, pero a partir de ahí esa persona tiene que efectuar la correspondiente consulta médica. Algunas personas sufren una enfermedad y han visto a veinte médicos, sin acabar de encontrar la raíz del problema. Yo les puedo hacer mi «lectura» de su situación concreta y, entonces, ellas pueden comprobarla con su médico.

Lyle y un grano de sal

Lyle tenía un aspecto horrible cuando acudió a verme. Llevaba enfermo desde hacía más de un año y ningún médico había conseguido descubrir qué le ocurría. Estaba al borde de la desesperación, incapaz de trabajar y con la sensación de estar perdiendo el control de su mente. Yo me quedé sentada, mirándole, y la palabra «sal» acudió a mi mente. «Quizá lo que le voy a decir le parezca una locura, Lyle, pero creo que tiene usted un problema de sal», le dije.

«¿Qué quiere decir?», me preguntó, mirándome con incredulidad.

«No puedo decirle nada más porque no veo nada más. Por favor, pídales a sus médicos que comprueben si su cuerpo sufre un problema relacionado con la sal.»

Lyle me llamó dos meses después de aquella sesión. Había acudido a la clínica Mayo para someterse a un examen completo. Les pidió que comprobaran si tenía algún problema relacionado con la sal. El último día de los exámenes, los médicos descubrieron que, en efecto, sufría un desequilibrio de sal. Ahora se siente magníficamente bien, ha vuelto a trabajar y se siente muy agradecido.

Durante las sesiones con los clientes hay momentos en que recibo mensajes de sus seres queridos que han fallecido. Nunca intento atraer a los espíritus hacia el mundo físico, pero si el karma de la persona es el de que reciba un mensaje, se le transmitirá. En tales casos no se produce ningún estado similar a un trance; siempre soy plenamente consciente de lo que le digo a la persona que tengo delante. Al recibir estos mensajes, no hay espíritus (como creen algunas personas) en la habitación que ocupamos. Mis percepciones proceden de los dones sagrados de la clarividencia y de la clariaudiencia. Veo imágenes o bien oigo palabras con el ojo de mi mente. Con frecuencia puedo concentrarme en una «pantalla astral», utilizando una forma de concentración psíquica que me permite traspasar la barrera que existe entre la tierra y el espíritu. En ese proceso soy ayudada por mi guía espiritual, Pluma Blanca.

En mis dos primeros libros ya presenté a mis lectores a Pluma Blanca. Muchas personas me han hecho preguntas sobre él. Confunden la relación que mantengo con él con la que tengo con Lawrence. Pero ambos son tan diferentes como el día y la noche.

Pluma Blanca es un guía espiritual. No es un maestro, sino un protector y un conector. Me protege de las influencias negativas cuando eso es posible y me ayuda a establecer la conexión entre la tierra y el espíritu.

Durante mi infancia, este corpulento amigo indio americano apareció con frecuencia en mi conciencia. Había superado ya los veinte años de edad cuando me enteré de su nombre. Imprimió su nombre en mi mente por medio de la clariaudiencia. Escuché en mi cabeza una voz fuerte, clara y precisa, que me dijo: «Soy Pluma Blanca. Si me necesitas, invoca mi nombre. Nunca estaré lejos de ti. Te he seguido desde que naciste». Pluma Blanca pertenece a la tribu de los sioux dakota y creo que una buena forma de calificarlo sería decir que «no quiere tonterías».

No está conmigo durante todo el tiempo. Simplemente, hace lo que tiene que hacer y luego se dedica a sus otros asuntos en el mundo de los espíritus. Todos los videntes y médiums tienen protección espiritual. Es un gran honor que se me haya comunicado el nombre de mi guía. Así que, en efecto, es un fantasma o un espíritu, llámelo como quiera. Uno tiene que ser vidente para verlo, porque no tiene un cuerpo físico, sino sólo espiritual.

Vivimos en un mundo en el que las personas se sienten desesperadas por tener guías espirituales. En ocasiones, la primera pregunta que me plantea un cliente es: «¿Ve a mis guías a mi alrededor?». La mayoría de la gente que pregunta por sus guías son personas solitarias, afligidas o mal informadas. Se aferran a los amigos o a los parientes que han fallecido y que están en el mundo de los espíritus. Por esa razón, la gente piensa que su abuela, tío, esposo, esposa, amante o padrastro fallecido pueden estar actuando como un guía espiritual. La gente busca el consejo de los muertos porque no siente confianza en su propio juicio o porque no se siente satisfecha con su forma de vida. Una persona sabia reconocerá que es posible establecer comunicación entre los dos mundos, pero sabrá esperar hasta que el karma le transmita el mensaje. Son muy pocas las que tienen un guía espiritual. Y, sin embargo, todos tenemos la habilidad para acercarnos a nuestro yo superior en busca de guía. Esa habilidad se desarrolla a partir de aprender a escuchar la voz que hay dentro de cada uno de nosotros y que encontramos cuando permanecemos en silencio. Se le puede pedir al yo superior que nos de fortaleza para aprender de todas nuestras experiencias. Para ello no se necesita ayuda alguna del mundo de los espíritus. Pluma Blanca no toma decisiones en mi nombre. Es mi karma el que me inclina a buscar su ayuda en mi trabajo psíquico. Siento un enorme respeto por este gran espíritu. Nunca me tomo su ayuda a la ligera ni espero que haga en mi lugar cosas que debo hacer por mí misma. Quisiera ser aquí reiterativa: es una herencia kármica que a una se le de un guía espiritual; eso no es el resultado de un simple deseo. Las personas que tienen guías espirituales es porque se los han ganado.

Después de percibir físicamente los temas individuales, sugiero métodos prácticos y espirituales para resolverlos. Son muchos los problemas que podemos evitar si comprendemos que todas nuestras acciones y reacciones configuran nuestras vidas. Si actuamos en armonía con la vida alcanzaremos el buen karma del amor, la salud, la realización, la seguridad, la felicidad y la inspiración. Pero, por el contrario, el mal karma de la infelicidad, la enfermedad, la inseguridad y el desorden se verá atraído a nuestras vidas cuando actuemos con falta de armonía.

Se ha dicho que una imagen vale mil palabras. Así que ofrezco ahora una imagen de una consulta privada conmigo.

Beth salva su barco a punto de naufragar

Beth llegó y percibí inmediatamente que se dirigía de cabeza hacia un divorcio. Ella y su esposo habían dejado de comunicarse a todos los niveles y ambos experimentaban un profundo resentimiento hacia el otro. Entre ellos se libraba una verdadera batalla por el poder. «Beth, si continúa este comportamiento, el resultado será el divorcio», le predije. Ella permaneció sentada tranquilamente y dijo: «Dios mío, las cosas están mal entre nosotros, pero no deseo un divorcio». Conseguí que tomara conciencia de su negatividad y «vi» que la realización de un esfuerzo más, a modo de última trinchera, podría salvar su relación. Beth dijo que haría todo lo que estuviera en su mano y me rogó: «Hágame algunas sugerencias, porque no sé cómo proceder para cambiar esta situación».

Le contesté: «Primero tiene que tomar la firme decisión de que cambiará su comportamiento desagradable, transformándolo en una acción positiva. En segundo lugar, deje de echarle a su esposo la culpa de todo lo que ocurra. Los dos forman parte del problema. Tercero, sea amable, escúchelo, cuente hasta diez cada vez que sienta ganas de ponerse a gritar. Cuarto, cómprese un diario y haga una lista de todas las cosas buenas que encuentre en su matrimonio. Sitúe a sus tres hijos en el primer lugar de la lista y siga adelante a partir de ahí. Escribir las cosas y contemplarlas las hace más reales».

«En ningún momento le he dicho que tengo tres hijos o que me pongo realmente desagradable con mi marido y tengo a veces ganas de gritarle.» Beth parecía impresionada por lo que le había dicho.

«Ese es mi trabajo, Beth. Se supone que sé cosas que nunca me ha dicho nadie», le contesté. Ese conocimiento la ayudó a confiar en mi guía. Me pidió que continuara con mis sugerencias. Le entregué una hoja de papel y le dije que anotara lo que le dijera. Beth se marchó de la consulta con las notas que había tomado y con la firma decisión de salvar el barco de su matrimonio, que estaba a punto de naufragar.

Volvió a verme diez meses más tarde. Me quedé impresionada ante su actitud positiva. «Mary —me dijo—, nuestra última sesión juntas tuvo un efecto curativo sobre mí y le puedo asegurar que también influyó sobre mi marido.» Ambos empezaron a tratarse con respeto y amabilidad. No fue fácil, pero cambiaron su karma y salvaron su matrimonio.

HERRAMIENTAS PRÁCTICAS

Para obtener el mejor provecho posible de *El poder del karma*, lo mejor será que compre unas pocas cosas. No es esencial, pero le garantizo que, si lo hace así, tendrá mayores posibilidades de configurar todos los ámbitos de su vida.

1. Un diario *El poder del karma*

Cómprese un diario. Ese diario o libreta de notas puede ser rayado o no, de color o blanco. No es necesario que gaste mucho dinero. Simplemente, cómprese uno que le guste. Póngale una etiqueta que diga *El poder del karma* y utilícelo junto con este libro.

No tema, porque no se le pedirá que anote en ese diario más de lo que usted misma sea capaz de escribir con facilidad. He descubierto que si se nos pide que hagamos demasiado, terminamos por no hacer nada. Mi propia experiencia me ha enseñado que anotar las cosas puede ser una fuente de ayuda muy valiosa . A mí me habría resultado imposible recrear incidentes de mi vida si no hubiera llevado diarios. No podría haber recordado mis propias luchas y victorias personales si no hubiese llevado un registro de mi vida. Así pues, consiga el diario y descubrirá lo efectivo que es.

2. Tarjetas de colores para los índices

Necesitará tarjetas de colores para los índices. Esas tarjetas se pueden utilizar con los capítulos dos a seis. Le sugiero que elija los siguientes colores:

Karma y reencarnación	Blanco
Salud	Azul
Sexo	Rosa
Dinero	Verde
Poder	Púrpura
Equilibrio	Amarillo

Durante la lectura de *El poder del karma*, utilizaremos estas tarjetas para anotar recordatorios, afirmaciones, oraciones y sugerencias prácticas. Concíbalas como marcadores espirituales para señalar páginas en los libros. Nos ayudarán al tiempo que cambiamos el comportamiento negativo, convirtiéndolo en positivo y creando así un nuevo karma bueno. Todo texto tiene que quedar escrito en las tarjetas de índice en letra negrita.

Por ejemplo, tome una tarjeta *azul* y anote en ella la siguiente y poderosa afirmación:

La ira incontrolada crea un karma negativo. Es destructiva para mi salud, mi trabajo, mis amigos, mi familia y mi alma. Encontraré formas de controlar mi ira.

Colocará estas tarjetas en algún lugar que le sea fácilmente accesible y las leerá con toda la frecuencia que pueda. Como dije antes, son excelentes formas de señalar las páginas de los libros, se pueden llevar perfectamente en un bolsillo y colocarlas, con un imán, en la puerta de la nevera o enmarcadas en el despacho. Procure tenerlas cerca y léalas hasta que integre las palabras en su alma. La única otra herramienta física que necesitará será su instrumento de escritura favorito.

A lo largo del libro le sugeriré diversos ejercicios espirituales:

1. Meditación

Mucha gente ha intentado meditar pero ha abandonado porque está demasiado ocupada. No se necesita emplear muchas horas del día para practicar la meditación. En realidad, unos pocos minutos suelen ser más efectivos que tratar de establecer un período exacto de tiempo para hacerlo. La meditación es una actividad del pensamiento, un estado positivo de la mente. No tiene por qué poner la mente en blanco o cerrar los ojos para meditar.

Concéntrese en una idea o imagen. Casi cualquier cosa puede convertirse en sujeto de meditación: amor, fortaleza, perdón, seguridad o equilibrio. La única condición esencial para la meditación es no permitir que ninguna otra preocupación o problema interfiera en su proceso de pensamiento. Debe mantener el pensamiento firmemente en su mente. Eso es algo que puede hacer al mismo tiempo que realiza otras actividades, como esperar en la cola en una tienda o en el banco. Puede mantener un pensamiento, pero no debe perder nunca de vista lo que le rodea. Medite sobre el amor o la armonía mientras espera y el tiempo se le pasará con mayor facilidad. También puede meditar antes de acostarse, dejando que la mente fluya hacia pensamientos de perdón o compasión. Eso le ayudará a dormir con mayor paz y, a su debido tiempo, se despertará con ese estado sereno intacto.

Gracias a la meditación, podemos utilizar nuestro poder de concentración para expulsar fuera de nosotros el mal karma o para crear buen karma en nuestras vidas. Tenemos que aceptar que en nuestra época, caracterizada por la precipitación y la agitación, el tiempo se ha convertido en un bien valioso. No obstante, una vez que hayamos comprendido el poder de la meditación encontraremos momentos para practicar este hábito. Cualquier actividad realizada con una completa concentración es una forma de meditación, una vez realizada dicha actividad. Limpiar y ordenar un cajón, por ejemplo, puede convertirse en un tipo de meditación. Debe realizar esa tarea con una dedicación serena y en calma, hasta que la haya terminado por completo. Su pensamiento permanece concentrado en el cajón, sin pensar en el cartero, en la necesidad de ir a la tienda, de contestar una carta o de hacer planes para preparar la cena. Cada vez que su mente fluya para alejarse del proceso de realización de la acción que tiene ante sí, vuelve a dirigir el pensamiento de nuevo hacia el cajón. A lo largo del texto exploraremos muchas meditaciones.

2. Examen

Se trata de un ejercicio mental en el que se nos pide que nos examinemos a nosotros mismos. Exige valor, ya que es doloroso. Lo único que se necesita es emplear algún tiempo para examinar de forma intensa alguna parte específica de nuestra vida. El objeto de nuestro examen puede ser cualquier cosa: respuestas emocionales, la forma en que empleamos nuestro tiempo, el comportamiento hacia los demás, etcétera.

Este ejercicio nos ayuda a comprender aquellas partes de nuestras vidas que hemos tenido dificultades para asimilar. Mi maestro, Lawrence, es un erudito y a menudo me ha citado a Platón: «No puede haber mayor tragedia que vivir una vida no examinada».

¿Qué es una vida «no examinada»? Significa vivir sin tener ni la menor idea de por qué hacemos lo que hacemos o por qué hemos hecho lo que hemos hecho en el pasado. Significa no detenerse nunca a pensar, antes de actuar. Una persona que vive una vida no examinada dirá, por ejemplo:

«No sé por qué...»
   ... Me siento deprimida.
   ... No encuentro mi verdadero amor.
   ... Bebo demasiado.
   ... No encuentro una profesión con la que me sienta feliz.
   ... Nunca termino nada de lo que empiezo.
   ... Me siento cansado continuamente.
   ... Los demás no me tratan con respeto.

Pruebe a realizar este sencillo examen: cada noche, antes de irse a dormir, examine lo que ha sucedido durante el día. Es como una especie de examen espiritual. Si decide que ha actuado de una forma desequilibrada, que ha creado mal karma, hágase el propósito de mejorar su actuación al día siguiente. Este ejercicio se hará más claro a medida que practiquemos diferentes formas de examen indicadas en el libro.

3. Visualización

Es el método de utilizar su imaginación para crearse una imagen en su mente. Debe situarse en un estado relajado y concentrado de reflexión. Por ejemplo, imagínese siendo feliz. No sitúe dentro de esa imagen a ninguna persona específica, acontecimiento, posesión material o deseo. Simplemente, imagínese caminando por la calle, sentada ante el océano, tumbada bajo un árbol o contemplando el cielo. No limite su felicidad haciéndola depender de nadie ni de nada, excepto de sí mismo. Mantenga esa imagen, disfrute de los sentimientos de serenidad, tranquilidad y equilibrio que fluyen. Repita el ejercicio unas pocas veces al día. Este no es más que un sencillo ejemplo de un uso positivo de esta técnica. Compartiré con usted muchas otras formas de utilizar su capacidad de visualización para cambiar su karma de malo a bueno.

4. Afirmación

Una afirmación es una declaración de verdad espiritual que tiene la intención de ayudarnos a superar una actitud falsa. Se trata de una técnica basada en la repetición de una sola frase positiva, como por ejemplo: «Cada día soy mejor en todos los aspectos» (Emile Coué).

5. Oración

La mayoría de la gente utiliza la meditación como un medio para pedir algo que no se ha ganado: «Oh, Dios mío, haz que él me llame», «Por favor, deja que gane la carrera», «Permite que gane la lotería», «Te ruego que hagas que mi coche se ponga en marcha». La verdadera oración, sin embargo, es un reconocimiento del yo superior que hay en cada uno de nosotros. Las oraciones utilizadas en este libro serán aquellas que apoyen nuestro deseo de ser más compasivos, comprensivos, tolerantes, seguros y equilibrados.

6. El número cuarenta

En este libro, el número cuarenta jugará un papel importante en cuanto al tiempo que se necesita para probar un plan mediante el que reconfigurar partes de nuestra vida. Puede tratarse de cuarenta segundos, minutos, horas, días, semanas o meses para poner en práctica un cambio concreto. Todo número o cantidad utilizados en este libro viene indicado por una razón, ya sea ésta por indicación de Lawrence, por la repetida experiencia personal o por las pruebas históricas que lo apoyan.

Por ejemplo, utilizo el número cuarenta porque posee una gran fuerza metafísica. Es un número de culminación. Moisés pasó cuarenta días en la montaña y Jesús se vio tentado durante cuarenta días en el desierto. Llovió durante cuarenta días después de que Noé construyera el arca y los israelitas se pasaron cuarenta años deambulando por el desierto. La cuaresma dura cuarenta días y Jesús permaneció muerto durante cuarenta horas antes de resucitar. La vida empieza a los cuarenta. Hay cuarenta pilares en Stonehenge, dispuestos en forma de un círculo, que tiene un diámetro de cuarenta pasos.

2. Karma
y reencarnación

EXPLICACIÓN DEL KARMA

Durante mucho tiempo el karma ha tenido mala prensa. Creo que la base de esa injusticia se encuentra en el hecho de que la mayoría de la gente no sabe qué hacer con él. El karma ha sido profundamente malinterpretado. Es habitual echarle la culpa cuando la gente tiene la sensación de habérselas con una mala situación. «Es mi karma, de modo que no puedo evitar sentirme iracundo/solitario/sin blanca/deprimido/mal entendido/insatisfecho profesionalmente.» La naturaleza humana nos dice que señalemos con el dedo a cualquier persona o cosa como responsables de configurar nuestras vidas, *excepto* a nosotros mismos.

¿No le parece extraño que la gente raras veces acredite al karma las cosas buenas que suceden en su vida? Es bastante extraordinario oírle decir a alguien: «He tenido un gran karma. Tengo una familia magnífica, muy buena salud, muchos amigos, bastante dinero y un buen trabajo. Seguramente debo de estar haciendo algo bien».

Recuerde lo que hemos afirmado antes: la doctrina del karma enseña que todo lo que ocurre en la naturaleza se halla dominado por la ley de causa y efecto. Se cosecha lo que se siembra. Se obtiene lo que se gana. Se es lo que se come. Si se ofrece amor, se recibe amor. La venganza se revuelve contra el vengador. «Karma» significa, literalmente, «acción». Una buena acción equivale a un buen karma. Una mala acción equivale a un mal karma. Cada individuo es el único responsable de sus propias acciones y cada acción producirá una reacción igual en todos los sentidos a la adecuación de la acción inicial. Por ejemplo, si coloca la mano sobre el fuego, se quemará. El fuego no tiene la culpa de eso. Fue la falta de buen juicio por su parte lo que causó el dolor. Sólo cabe confiar en que una sola vez sea suficiente para aprender la lección: tenga cuidado con su forma de manejar el fuego.

Tome dos tarjetas de color *blanco* y escriba:

1. Karma significa acción.
   Una buena acción produce un buen karma.
2. Karma significa acción.
   Una mala acción produce un mal karma.

No olvide que el karma puede ser bueno, así como malo. El fuego se puede utilizar para mantenernos calientes o para cocinar la comida que compartimos con otros. La gente ve más desquite que recompensa porque su propio comportamiento ha sido más egoísta que desprendido. No tenemos que esperar a que llegue el buen karma. Podemos hacerlo ahora. Cada momento es una oportunidad para configurar nuestras vidas en otras que tengan un mayor equilibrio kármico.

Tome una tarjeta *blanca* y escriba:

Veo más karma malo que bueno cuando mi comportamiento es más egoísta que desprendido.

El karma no es algo que esté fuera de nosotros. Somos nuestro karma. ¿Le resulta difícil de admitir? Puede apostar a que así es, pero eso cambiará su vida una vez que comprenda la belleza y la justicia inherentes en esta ley divina.

Tome una tarjeta *blanca* y escriba:

Yo soy mi karma.

El karma es justicia. No recompensa o castiga. Sufriremos por el dolor que hayamos causado y cosecharemos la alegría del bien que hayamos producido. El karma no muestra favoritismo alguno en la vida porque tenemos que ganarnos todo lo que recibimos. Somos lo que somos debido a nuestras acciones, pensamientos y deseos pasados. Estamos construyendo nuestro futuro a través de nuestro comportamiento presente. El karma no predestina a nadie ni nada. Creamos nuestras propias causas y el karma adapta los efectos con una armonía perfecta.

Tome dos tarjetas *blancas* y escriba:

1. Soy lo que soy debido a mis pensamientos, acciones y deseos del pasado.
2. Creo mi futuro con mis pensamientos, acciones y deseos presentes.

No hay lamentación o pena, alegría o satisfacción cuyo origen no se remonte a nuestras acciones en esta vida o en otra anterior. Las acciones nobles y el pensamiento constructivo crean un karma positivo. Producimos un buen karma en cualquier momento en que seamos optimistas, compasivos, reflexivos y amables. Eso tiene como resultado una vida en la que hay más amor, seguridad y equilibrio. Si se siembran buenas semillas, se obtendrá una buena cosecha.

Tome una tarjeta *blanca* y escriba:

Las acciones nobles y el pensamiento constructivo crean karma positivo.

El amor atrae al amor, la generosidad produce la abundancia y la fuerza de la acción positiva tiene como resultado el buen karma de la felicidad y el equilibrio. En contraposición con ello, si pensamos o actuamos de una forma irresponsable, egoísta, avariciosa, irreflexiva, vengativa, mezquina o grosera, estaremos creando karma malo. Las consecuencias de esa negatividad son la discordia, la inseguridad y la confusión. Nuestras acciones no tienen por qué ser malvadas para hacer que nosotros u otros suframos dolor como consecuencia de nuestro comportamiento. Muchas veces, una pequeña falta de consideración tiene como resultado causar un daño a los demás.

KARMA: EL BANCO UNIVERSAL

Quisiera repetir aquí lo que dije antes sobre el karma: el banco del karma es un establecimiento imparcial, honorable, incorruptible, infalible y sólido. Cada persona de todo el universo tiene una cuenta en este banco colosal. Cada vez que se realiza una acción positiva, se aumenta la propia cuenta; cada vez que se hace una acción negativa, se produce un déficit. El objetivo final consiste en mantener la cuenta en un equilibrio perfecto. Eso significa que su cuenta sólo es positiva: no hay déficits ni facturas pendientes de pago.

Cada individuo es completamente responsable de sus propias inversiones. No hay excusas, como por ejemplo «Se me olvidó efectuar un depósito, así que me devolvieron el cheque por falta de fondos». Recuerde que éste es un banco imparcial y que la ignorancia de su error no le protegerá del resultado de la acción. Pagará la comisión por el descubierto, al margen de cual fuese la razón. A nadie le importará que no recordara equilibrar su cuenta o que no supiera cómo hacerlo. Aprenderá, de uno u otro modo, que sólo usted y únicamente usted es responsable de su cuenta bancaria kármica. Recibirá lo que haya ganado.

Nunca debemos utilizar el karma de una vida pasada como excusa para nuestra falta de juicio en nuestra vida presente. Tomemos, por ejemplo, a alguien que ignora pagar sus impuestos durante años y sale adelante. Entonces, un buen día, le llega una inspección de Hacienda en la que se le exige el pago de los impuestos atrasados, más los intereses. Es posible que tarde años, pero la deuda se cancelará tarde o temprano. Puede aducir pobreza, solicitar clemencia, echarle la culpa al cartero por no haberle entregado las notificaciones anteriores o al perro por haberse comido los recibos de devolución, pero tendrá que cargar con los gastos. Quizá le embarguen el sueldo o le confisquen sus propiedades o incluso es posible que vaya a la cárcel, pero Hacienda cobrará lo que se le debe. Puede aducir hasta cansarse que eso es «injusto», pero se verá obligado a pagar. Porque esa es su deuda kármica y únicamente suya.

Tenemos que afrontar el hecho de que, para bien o para mal, para los más ricos o para los más pobres, en la enfermedad o en la salud, todo lo que haya sucedido y suceda en nuestra vida pasada, presente y futura es karma, hasta que se produzca nuestra muerte física y pasemos a nuestra siguiente vida. Creamos karma bueno o malo con nuestros pensamientos y acciones. Ese no es ningún lema oscuro o abstracto de la Nueva Era. Sólo es sentido común práctico. Su cuenta bancaria kármica es una síntesis de lo que esté haciendo en este momento, así como de lo que haya hecho en el pasado. Podemos afrontar nuestros problemas y esforzarnos por encontrar soluciones, o podemos continuar repitiendo las mismas tonterías y estupideces una y otra vez. En cualquier caso, el banco del karma no le perdonará sus deudas. Del mismo modo, tampoco le cobrará por aquello de lo que no sea responsable. Hay muchas personas que han tenido graves problemas con su capacidad de pago y que han encontrado la fortaleza y la disciplina para volver a un saldo positivo. De modo similar, podemos aprender a mantener en buen orden nuestras cuentas kármicas, realizando así el trabajo fundamental para la prosperidad futura, tanto espiritual como financiera.

Usted es su karma, de modo que es el propietario de su propia cuenta bancaria kármica. Olvídese de echarle la culpa de sus responsabilidades a cualquier otra persona o cosa. Eso son problemas que sólo usted puede resolver.

Tiene una gran importancia recordar que el karma se mueve en dos sentidos: acepte la acreditación por sus decisiones sabias. Las cosas buenas que proceden de tener una cuenta segura son aquellas que le reanimarán; a nadie más se le acreditarán, sino únicamente a usted. El banco del karma es incorruptible. Cosechará lo que siembre y obtendrá lo que se haya ganado. Lo que haga, será lo que reciba. Todo lo que sea suyo, regresará a usted.

NO SE LO PUEDE LLEVAR CONSIGO, ¿O SÍ?

Al «fallecer» y entrar en el mundo espiritual, todos dejamos nuestra cuenta bancaria en la tierra. No se crea karma mientras se reside en los ámbitos del espíritu. El equilibrio de su cuenta, sea positivo o negativo, será exactamente el que deje en el momento en que muera su cuerpo físico. Su espíritu renacerá y su cuenta se habrá mantenido donde estaba, mientras sigue adelante y elige detraer o sumar de ella. Eso explica las injusticias aparentes de la vida. Cualquier persona sensible ha de preguntarse por qué un hombre nace rodeado de riqueza y poder, mientras que otro, que parece merecerlo mucho más, tiene que esforzarse en medio de la pobreza y la humildad, o por qué una persona nace ciega y otra con una visión excelente. Eso no son más que las manifestaciones de las afirmaciones del banco kármico.

EL AKASHA

Hemos oído hablar de un banco de memoria, un lugar donde el subconsciente almacena datos a los que no se puede acceder inmediatamente a voluntad. La cuenta bancaria kármica personal guarda sus registros completos en el Akasha. Imagine una biblioteca enorme con registros de todas las transacciones realizadas por todos en cualquier vida. El Akasha es una región invisible que rodea nuestro universo. En esa región se guarda un registro de todo lo que haya ocurrido alguna vez en el cosmos. Se la puede concebir como una «biblioteca psíquica» que contiene una cantidad infinita de datos. Cada pensamiento, acción y reacción que haya experimentado cada uno de nosotros en cualquiera de nuestras vidas queda almacenada en el Akasha.

EVITAR EL BUMERÁN KÁRMICO

Hay algo llamado bumerán kármico que es un elemento importante de este libro. El bumerán es una acción que se revuelve contra su propio instigador. En otras palabras, será herida de la misma forma que intente herir a otra persona. No todos los efectos bumerán son inmediatos. Algunos tardan semanas e incluso años en manifestarse.

Muchas creen que pueden hacer lo que tengan ganas de hacer, por muy egoísta que sea y que lograrán salir indemnes de ello. Nada más lejos de la verdad. Por ejemplo, una maldición se vuelve contra quien la lanza o contra sus inocentes parientes y amigos, que respiran el mismo ambiente que la persona en el momento en que ésta lanzó la maldición.

Stella tiene un bumerán potente

Stella, una clienta mía, maldijo a una persona por la que sentía mucha envidia. Golpeó una mesa con el puño y gritó: «¡La odio! Ella lo tiene todo y yo no tengo nada. ¡Desearía verla muerta!».

«Contrólese, Stella. No hable nunca así —le dije—. ¿No comprende lo peligroso que es vomitar esa clase de ira y negatividad? Eso es malvado. Podría volverse contra usted y causarle daño a sí misma o a quienes estén cerca.»

«No me importa. ¡La odio!», replicó Stella con arrogancia. No pude hacer nada, ya que su razón había quedado destruida por una cólera y unos celos irracionales. Meses más tarde, supe que Stella había perdido el trabajo y gastado todos sus ahorros, que su esposo la había abandonado y que su madre había sufrido una grave apoplejía. La mujer a la que había maldecido, en cambio, estaba perfectamente bien. Me desgarró el corazón saber que había sido la propia Stella la que atrajo todo aquello sobre sí misma.

El potente bumerán de Stella nos permite echar un aterrador vistazo a lo rápidamente que ciertas acciones kármicas pueden revolverse contra uno mismo y provocar desastres personales. Pero no se engañe, porque también somos responsables de los hechos prosaicos de la vida cotidiana, de cosas en las que apenas pensamos. ¿No ha replicado nunca secamente a un colaborador o amigo que no se lo merecía? Esa negatividad no se limita a desaparecer. Se volverá contra usted de alguna forma. Pagará su falta de respeto teniendo que sufrir a alguien que le demostrará a su vez falta de respeto.

Lois se ve obligada a afrontar la verdad

Hace más de una década, Lois, que entonces tenía veintiocho años de edad, sedujo a Morris, un hombre rico y casado con dos hijos. Morris se divorció de su mujer, después de veinte años de matrimonio, y se casó con ella. Hace apenas un año, abandonó a Lois por otra mujer lo bastante joven como para ser su hija. Es el efecto bumerán. Es posible que tardara diez años en suceder, pero Lois terminó en el mismo barco que la primera esposa de Morris. Se quedó atónita, pero tuvo que afrontar la verdad. Se prometió a sí misma no implicarse nunca más con un hombre casado. Y Morris mantiene una terrible relación con sus hijos debido a su comportamiento egoísta y sigue siendo un hombre que se siente desgraciado. El efecto bumerán.

A continuación se indican unos pocos consejos seguros que le ayudarán a evitar los efectos del doloroso bumerán. Anótelos en su diario de *El poder del karma* y apréndalos de memoria.

1. Piense antes de actuar.
2. Trate a los demás como quisiera que la trataran a usted.
3. No tome cosas que no sean suyas (como, por ejemplo, el cónyuge, el trabajo o la cuenta bancaria de otro).
4. Su alma registra toda acción. No podrá salir indemne de nada.

5. Obtiene lo que se gana, así que trabaje por el amor, la seguridad y el equilibrio.
6. La venganza se vuelve contra el vengador. No busque nunca la venganza.

EL KARMA ESTÁ VINCULADO CON LA REENCARNACIÓN

La ley del karma no puede separarse de la doctrina de la reencarnación. La reencarnación, que también constituye la base de mi enseñanza, nos dice que no vivimos una sola vida, sino muchas. Regresamos a la tierra hasta que hemos alcanzado la «perfección», gracias a nuestro propio trabajo. La perfección es un estado de total desprendimiento. Todos los deseos de placeres físicos se ven sustituidos por una completa dedicación al servicio de la humanidad. El ser humano es, en esencia, una composición de todas sus vidas, pero tiene que aprender a concentrarse en cómo vivir la vida presente del mejor modo posible.

El karma y la reencarnación se hallan entrelazados por completo. Cada uno de nosotros está creando karma, bueno o malo, en todo pensamiento y acción que producimos. La reencarnación y nuestras vidas en el ámbito físico de la tierra, supone el aula donde equilibrar nuestro karma y, en último término, ser nuestros propios dueños.

A través de una serie de vidas, se nos da la oportunidad para configurarnos como personas hermosas, pacíficas, realizadas, amorosas y desprendidas. Las experiencias no recordadas no se pierden, sino que pasan a formar parte de nuestras mentes y existen en nuestros sentimientos, atracciones, gustos y disposiciones.

La vida es una continuación, no una terminación. Al fallecer, pasamos del mundo físico al mundo espiritual, con toda la experiencia que hemos obtenido durante una sucesión de vidas. Descansamos en los ámbitos del espíritu hasta que nuestra alma se halle preparada para acumular más conocimiento. En ese momento, renacemos en un cuerpo físico para continuar con nuestra educación y equilibrar aún más nuestro karma personal. Reclamamos nuestra cuenta bancaria kármica y continuamos trabajando para equilibrarla.

NO VOY A REGRESAR

A muchas personas que actualmente experimentan vidas difíciles quizá les resulte desagradable la idea de regresar a la tierra. He oído a muchas personas declarar: «Yo no voy a regresar». Lo que están diciendo, en realidad, es: «No soy feliz».

Persiguen la felicidad y se sienten impotentes para alcanzar su objetivo. He intentado ayudar a mis clientes a comprender que una vida no es más adecuada para obtener la experiencia necesaria para promover la felicidad de lo que pueda ser un día en la escuela para obtener un título universitario.

La verdad es que no renaceremos a la vida física hasta que hayamos completado nuestra educación, convirtiéndonos en personas perfeccionadas. Regresaremos a la tierra para cosechar los resultados de todas nuestras acciones y para obtener mayores conocimientos y sabiduría, a medida que seguimos nuestro camino hacia el autodominio. Nacemos para alcanzar ese estado de completo equilibrio: mental, físico y espiritual. Una vez que lo hayamos alcanzado, ya no será necesario encarnarse en el plano terrenal.

Permítaseme definir con claridad el autodominio:

- Salud física y mental perfecta.
- Control de todas las formas de fenómenos psíquicos.
- Habilidad para comprender todos los idiomas.
- Valor total en cada situación, incluso en aquellas que sean amenazadoras para la vida.
- Completo desprendimiento y desinterés.
- Fe absoluta en la ley del karma.

He aprendido del Akasha, a través del estudio de la sabiduría antigua y de las discusiones con Lawrence, que el proceso de dominarnos a nosotros mismos dura aproximadamente ochocientas encarnaciones terrenales. La única persona que conozco que haya alcanzado ese estado de desarrollo es Lawrence.

INTERVALOS ENTRE RENACIMIENTOS

La duración del tiempo que transcurre entre encarnaciones puede variar. Un bebé nacido en un país que sufre de hambruna, que viva unas pocas horas o días, puede renacer casi inmediatamente. Esa pequeña alma no ha tenido tiempo para crear ningún karma bueno o malo en su vida presente y tan corta.

Un alma grande, que sea necesaria para ayudar a la humanidad de una forma precisa, es posible que renazca con mayor rapidez de lo habitual. Esa gran persona estaría de acuerdo en regresar antes a la tierra debido a su pasión por servir a la humanidad. Ejemplos de este tipo de servicio sería la necesidad de dirigir una determinada religión, de crear una vacuna que pueda salvar millones de vidas, de introducir un estilo musical que tenga un efecto curativo sobre el sistema nervioso o de servir a las necesidades del karma político de una nación. Esos grandes servicios a la humanidad exigirían una persona de tremendo carácter espiritual o de extraordinaria experiencia y talento. Cuanto más elevado sea el nivel de desarrollo espiritual alcanzado por una persona, tanto más control tendrá sobre el momento y el lugar del renacimiento.

Un filósofo como Pitágoras, grandes maestros como Gandhi o Blavatsky, o un músico del genio de Mozart podrían no reencarnarse durante miles de años. Ello se debe a que quizá tengan que esperar todo ese tiempo para encontrar un ambiente adecuado que apoye los logros de una persona así. Esos grandes personajes sirven a la humanidad inspirándonos desde el mundo de los espíritus. Siempre están contribuyendo de algún modo, ya sea sobre la tierra física o desde el mundo espiritual.

Muchas personas tienen ideas erróneas sobre el tiempo que necesitamos la mayoría de nosotros para reencarnarnos. Muchos clientes me han preguntado: «¿Cómo sabré dónde encontrar a mi hijo/compañero/pariente/amigo si renace antes de que yo muera?». Permítaseme resaltar que la mayoría de nosotros, personas normales (en contraposición con los verdaderos genios y grandes maestros) permanecemos en el mundo espiritual de ochocientos a mil doscientos años. No es nada probable que sus seres queridos actuales regresen a la tierra antes de que usted fallezca. Nuestros seres queridos nos estarán esperando cuando nos llegue el turno de efectuar la transición desde el mundo físico a los ámbitos del espíritu. Mientras cruzamos el valle de la sombra de la muerte no experimentaremos temor alguno, porque veremos a las personas que amamos en la tierra y que murieron antes que nosotros y que nos estarán esperando para ayudarnos a efectuar la transición.

CÓMO SE LEEN LOS REGISTROS AKÁSHICOS

Como ya he explicado antes, toda la información relativa a nuestras vidas pasadas queda almacenada en el Akasha. Una enorme cantidad de mis conocimientos relativos al karma y a la reencarnación ha procedido de mi habilidad psíquica para «leer» los registros akáshicos. Este aspecto de mi don psíquico me permite un acceso directo a información sobre los pasados de la gente, tanto en esta vida como en otras. También puede ser una forma de descubrir cómo le va a la gente que se encuentra en el mundo de los espíritus.

Para tener acceso a una información exacta sobre las vidas pasadas de una persona, es necesario leer los registros akáshicos. Para ello se necesita de un tipo especial de concentración psíquica, así como una buena dosis de energía y práctica. Ha habido momentos en que pude penetrar con relativa facilidad los muros de esta especie de biblioteca y leer registros específicos sobre una persona. En otras ocasiones, sin embargo, me ha sido difícil o incluso imposible romper la barrera y penetrar en el banco de datos de la memoria cósmica.

La razón de esta inconsistente habilidad para acceder a los registros akáshicos es doble. En primer lugar, se debe, simplemente, a que no siempre se posee la energía psíquica necesaria para hacerlo. En segundo término, hay cosas que se supone que no debemos saber, de modo que la información quedará oscurecida.

Pero los registros akáshicos suelen ser útiles. Una de mis clientas, por ejemplo, tiene un niño excepcional. Ese muchacho empezó a leer a la edad de tres años, sin que nadie le enseñara. A los cuatro años de edad ya tocaba piezas de piano muy complejas, sin haber disfrutado tampoco de los beneficios de la enseñanza. Ninguno de sus progenitores sabe tocar un instrumento musical y, de hecho, el padre no tiene oído musical. Pude ayudarles a comprender al niño examinando los registros akáshicos. Vi que esta pequeña alma había sido un prodigio en su vida pasada. Afortunadamente para el niño, sus padres creen en la reencarnación. Su convicción de que el niño trajo consigo aquellos talentos de una vida pasada, les facilitó el nutrir sus habilidades en el aquí y ahora.

No todos los temas relacionados con vidas pasadas son tan evidentes como los talentos de este niño. He visto a personas con fobias, como temor al agua o a la oscuridad, que no parecen tener explicación alguna en esta vida. Habitualmente, son traídas desde una vida pasada. Se mantiene el karma según el cual tenemos que luchar para resolver estos temas en nuestra vida presente. Es un despilfarro de tiempo enojarnos porque no podemos recordar vidas pasadas. ¿Quién recuerda lo que pensaba cuando tenía tres meses de edad o mucho menos antes de nacer?

Tome dos tarjetas *blancas* y escriba:

1. No malgastaré mi tiempo enojándome porque no puedo recordar mis vidas pasadas.
2. Aprendemos más sobre las vidas pasadas examinando la presente.

Jim, otro cliente, tenía una obsesión con la música de las grandes bandas, lo que le indujo a creer que había vivido en la década de 1940. Había nacido en 1955, de modo que, de ser ciertas sus impresiones, tuvo que haber renacido casi inmediatamente. Durante una sesión pude determinar la información sobre su abuelo fallecido. El abuelo interpretó música de Benny Goodman y Glenn Miller durante todo el embarazo de la madre de Jim. Siguió interpretando esa clase de música hasta su muerte, cuando Jim tenía dos años de edad. Jim no recordaba nada de eso, pero al preguntárselo a su madre, descubrió que era cierto. Así pues, resultó que Jim no experimentaba el karma de una vida pasada, sino un gusto adquirido en la vida actual.

La ley del karma enseña que todo aquello que nos sucede es justo, para bien o para mal. Atraemos únicamente aquello que hemos ganado mediante nuestras decisiones personales en esta vida y en todas nuestras vidas pasadas. Hemos tardado muchas vidas en acumular el karma que ahora experimentamos en la vida actual. Es de sentido común pensar que, simplemente, en una sola vida no disponemos de tiempo suficiente para elaborar todo nuestro karma. Únicamente podemos tratar de hacer las cosas lo mejor posible, de acuerdo con las circunstancias que se nos presenten ahora. El pasado ya ha ocurrido y eso no se puede cambiar. Lo que sí puede hacer es cambiar su actitud y comportamiento actual y en el futuro. Las personas que no poseen el conocimiento de la reencarnación quizá no comprendan el significado de ciertos acontecimientos que ocurren en sus vidas. Entonces, es posible que la vida les parezca injusta.

¿PODEMOS DEMOSTRAR LA REENCARNACIÓN?

La principal razón por la que la gente no cree en la reencarnación es por su incapacidad para recordar sus vidas pasadas. La gran mayoría de gente, como Jim, ni siquiera recuerda los primeros años de esta vida. La mayoría de las mentes todavía no están lo suficientemente desarrolladas como para recordar más allá de un determinado punto. Intente recordar, por ejemplo, lo que sintió durante los seis primeros meses de vida. Después de realizar este pequeño experimento, quizá comprenda mejor por qué la mayoría de nosotros no podemos recordar nuestras vidas pasadas.

Muchas personas están convencidas de que sus almas son inmortales. No hay ninguna prueba científica de ello, pero lo aceptan. Estoy sentada ante mi ordenador, escribiendo y respirando. No veo el aire, pero estoy segura de su presencia. Aceptamos muchas cosas sin exigir pruebas de su existencia.

Las habilidades pueden constituir una confirmación más importante de las vidas pasadas que los recuerdos. El prodigio musical infantil de Mozart, el genio de Einstein, la maravilla de un niño de tres años capaz de leer y escribir sin enseñanza previa no son sino maravillosos ejemplos de talentos de vidas pasadas incorporados a las vidas presentes. He tenido clientes estadounidenses que se sentían mejor viviendo en Italia, Francia o Egipto. Simplemente, se sentían como si estuviesen en casa en alguna otra parte y, de hecho, probablemente vivieron allí en una encarnación previa. Hay razones definitivas por las que vivimos en una encarnación previa, pero es posible que hayamos tenido vidas pasadas más felices, prolongadas y ricas en otros lugares. Eso explicaría la aparente paradoja de ser encarnado en un país, al tiempo que se experimenta una mayor afinidad por otro grupo étnico.

«Todo me era muy familiar. Caminaba por las calles y reconocía unas casas que no había visto antes. Apenas tres meses después de mi llegada ya hablaba un egipcio fluido, hasta el punto de que cualquiera habría jurado que llevaba estudiando el idioma desde hacía años, aunque era la primera vez que había estudiado egipcio. Fue algo inquietante, pero eso me hizo creer en la posibilidad de la reencarnación», me dijo una clienta estadounidense que vive en Egipto.

Tome una tarjeta *blanca* y escriba:

Las habilidades pueden constituir una confirmación más importante de las vidas pasadas que los recuerdos.

Jessica domina su temor al agua

Jessica acudió a mí tratando de descubrir por qué le aterrorizaba el agua. No había en su vida ningún incidente que explicara su fobia. Lo había intentado todo para superar su temor irracional: lecciones de natación, terapia e hipnosis, por citar sólo unas pocas. Nada la ayudaba. Sus padres estaban seguros de que no le había sucedido nada cuando ella era demasiado pequeña como para recordarlo.

Le dije que, muy probablemente, sus temores eran el resultado de algún incidente ocurrido en una vida pasada y que trataría de ver si conseguía alguna información que le pudiera servir. Dejé bien claro que no siempre podía acceder a este tipo de información. Concentré la mirada en un rincón de la estancia y experimenté una intensa presión familiar en la frente y a través de mis ojos.

Conseguí penetrar hasta los registros akáshicos y vi que Jessica se había ahogado cuando navegaba en un gran barco de vela. Sabía que era griego porque vi su nombre pintado en un costado: «Seiren» (el nombre griego de «sirena»).

Observé una serie de imágenes en mi ojo mental y vi una gran tormenta que se abalanzaba sobre el barco sin advertencia previa. Se ahogaron todos los que iban en el barco. Las imágenes se desvanecieron. Miré a Jessica y le dije que aquella era la única información que podía darle. Ella me confesó entonces que siempre le había aterrorizado la idea de visitar Grecia, y añadió: «Siempre tuve la sensación de que si alguna vez visitaba Grecia, moriría allí».

Le dije que no se preocupara, que aquello ya había pasado. Seguía teniendo un recuerdo subconsciente de aquel incidente traumático. La información de la vida pasada que pude recibir permitió que el incidente aflorase. Sólo el tiempo diría si eso ayudaría a Jessica a superar su fobia.

Me alegra decir que Jessica superó su temor al agua. Una mañana, poco después de nuestra sesión, despertó y se dio cuenta de que su temor había desaparecido por completo. Jessica no pudo explicar lo ocurrido. Dijo que fue como si la fobia no hubiese existido nunca.

56

Sus padres se quedaron asombrados cuando Jessica les dijo que se iba a la playa con su novio. Al principio se lo tomó con tranquilidad, pero durante aquel primer día en la playa pudo incluso caminar por el agua. A su debido tiempo, aprendió a nadar y ha llegado incluso a planear un viaje a Grecia en compañía de su familia.

La verdad de la lectura de la vida pasada de Jessica quedó demostrada por la reacción que experimentó en su fobia. Pudo desprenderse de su temor porque éste se basaba en un incidente que ya había ocurrido. Jessica recibió ese mensaje porque se había ganado el karma de ser ayudada a superar su temor. Recuerde que el simple hecho de que algo sea un problema en el presente, no quiere decir que tenga que seguir siéndolo durante toda su vida.

Tome una tarjeta *blanca* y escriba:

Un problema que tengo ahora no tiene por qué seguir siéndolo durante toda mi vida.

DÉJÀ VU

Déjà vu es un término francés que significa, literalmente, «ya visto». Esa sensación de déjà vu se produce cuando una persona percibe que algo que está haciendo por primera vez ya ha ocurrido antes. Esos sentimientos aparecen con frecuencia en la primera visita a un lugar extraño en el que no se había estado con anterioridad. Un lugar nos puede parecer tan familiar que incluso se reconocen calles y casas que jamás se habían visto antes en la vida. En otras situaciones pueden participar personas a las que no se conocía previamente. Existe una relación inmediata, o una revulsión o una familiaridad sublime que nos hace tener la sensación de que ya hemos estado antes con aquella persona.

Lawrence me dijo: «Todas las verdaderas experiencias déjà vu están vinculadas de algún modo con una vida pasada que no ha quedado resuelta. Deberías tomarte tiempo para identificar y explorar tus experiencias de déjà vu».

Tome una tarjeta *blanca* y escriba:

Una verdadera experiencia de déjà vu está vinculada con algo
de una vida pasada que tengo que resolver.

La experiencia de déjà vu de Connie

Durante el transcurso de los años, muchos clientes me han hablado de sus sensaciones de déjà vu. Pienso, por ejemplo, en una
señora llamada Connie. Acudió a verme poco después de su regreso de un viaje a Maine. Connie caminaba por la playa cuando se
encontró con un hombre llamado Ken. Lo miró y se sintió abrumada por una sensación de alivio. «Hubiera querido gritarle y preguntarle dónde había estado. Me sentí abrumada de emoción de
tanta felicidad como sentí al verlo de nuevo.» Me preguntó si aquello parecía una locura, puesto que nunca había visto a aquel hombre hasta entonces.

Le pregunté cómo había actuado él hacia ella. Me contestó que
pareció asombrado y le preguntó si se habían visto antes en alguna
parte, que ella también le parecía familiar. «Fuimos a tomar un café
y hablamos como viejos amigos. Ken comentó que trabajaba con
embarcaciones. Al oírle decir esa palabra, "embarcaciones", una sensación de temor y soledad se apoderó de mí. Fue muy extraño. Me
sentí como si estuviese viviendo una situación que ya hubiera vivido
antes», añadió.

Connie le había dado a Ken su número de teléfono. Hicieron
planes para volver a encontrarse al fin de semana siguiente. Yo pude
darle a ella una lectura de una vida pasada. «Experimentó una clara
situación de déjà vu. Ustedes dos ya se habían conocido antes, en una
vida pasada. En esa vida, él la dejó y se adentró en el mar. Ahora sólo
tiene que recordar que eso fue algo que ya sucedió, de modo que
no actúe con Ken como si pensara que la va a abandonar. Sólo el
tiempo dirá la dirección exacta que tomará la relación de ambos en
esta vida, pero le predigo que permanecerán juntos.»

Esa sesión con Connie se mantuvo hace más de dos años. Recientemente, ella regresó y me alegró saber que ella y Ken habían formado una pareja. Se iban a casar y se marchaban juntos en un crucero de luna de miel.

Jack recorre el camino

Mi amigo Jack, un actor, ha hablado ampliamente sobre sus experiencias de déjà vu. «Siempre me obsesionó todo lo relacionado con la ciudad de Nueva York. Crecí en Denver y nunca me sentí cómodo viviendo allí. Veía películas que se desarrollaban en Nueva York y cada una de las escenas exteriores me resultaba familiar. Mi hermana recuerda que, a los seis años, yo podía describir partes de Nueva York como si hubiese vivido allí.

»Finalmente, me trasladé a Nueva York, hace unos quince años. Fui muy feliz y me sentía como si mi vida hubiese empezado por fin. Conocí a un hombre, Steve, que se convirtió en mi amante. En nuestra primera cita a ciegas habíamos quedado en vernos para almorzar. Recuerdo que le vi cruzar la calle para acudir al encuentro en el restaurante. Me sentí sacudido por una conmoción, pues estaba seguro de que lo conocía. Nos sentamos ante una mesa y empezamos a hablar. Todo en él me resultaba familiar, su forma de reír, de sostener una taza, de apartarse el cabello de la frente y, especialmente, su forma de caminar. Siempre he sido muy consciente de la forma que tiene cada persona de caminar. Yo mismo imitaba ciertas formas de caminar, como la de John Wayne, Charlie Chaplin o Jimmy Cagney. La forma de caminar de una persona es algo que no se me olvida fácilmente. Steve era una persona compleja, temperamental, con bruscos cambios de humor y, sin embargo, amable. Mucha gente no le entendía, pero yo lo comprendí desde nuestro primer encuentro. Simplemente lo conocía.

»Steve se puso enfermo pocos meses después de conocernos. Tuve miedo y hablé con mi hermana de la situación. Sabía que aquello sería difícil, pero también tuve la sensación de que mi karma consistía en cuidarlo. En alguna parte de mi subconsciente sentía que Steve se había ocupado de cuidarme a mí en alguna otra vida. Nos habíamos reunido en esta vida para equilibrar nuestra relación. Lo amaba mucho, pero en todo aquello había algo más profundo de lo que parecía a primera vista.»

Steve murió pocos meses después de conocer a Jack. Pude hacerle a Jack una lectura de una vida pasada relativa a su relación con Steve.

La experiencia de déjà vu de Jack fue muy real. Él y Steve ya habían estado juntos con anterioridad. Steve había cuidado de Jack durante una plaga de peste bubónica en Francia, en el siglo XII. En aquella otra vida, Steve se había producido una herida en una pierna, por lo que caminaba con una cierta rigidez. Eso fue el inicio de la profunda conciencia que solía tener Jack acerca de la forma en que caminaban las demás personas. Steve había arriesgado su propia vida para quedarse y atender a Jack. En esta vida, Jack había permanecido junto a Steve a lo largo de toda su enfermedad. La necesidad abrumadora de acudir a Nueva York tenía dos propósitos: Jack necesitaba equilibrar su karma con Steve y su propio éxito kármico a nivel profesional se centraba en Nueva York.

Esta lectura de una vida pasada confirmó las sensaciones de Jack sobre la profundidad de su relación con Steve. Su necesidad de estar en Nueva York no procedía de haber vivido en la ciudad en una vida pasada, sino que eran sus necesidades actuales las que le inducían a estar en Nueva York. Echa de menos a Steve cada día que pasa. Y, sin embargo, se siente agradecido por la oportunidad que se le brindó de ayudar a su querido amigo.

EJERCICIO: EXAMINE SU *DÉJÀ VU* PERSONAL

Pensar en sus experiencias de déjà vu puede proporcionarle una mejor comprensión de la reencarnación. Este ejercicio le será un instrumento útil para configurar su vida actual.

Siéntese tranquilamente y recuerde una ocasión en la que tuvo la sensación de conocer a una persona la primera vez que la vio. Piense en esa persona e intente recrear la relación.

¿Cómo se conocieron y dónde? ¿Qué sentimientos afloraron? ¿Cómo le afectó esa relación? ¿Fue una relación a corto plazo o sigue en contacto con esa persona? ¿Tuvo un final feliz o feo? ¿Pasó más tiempo con esa persona como resultado de su sensación de déjà vu? ¿Le enseñó la relación alguna lección valiosa?

Ahora, lleve a cabo el mismo examen mental y dirija sus pensamientos hacia lugares en los que haya estado. ¿Qué le hizo sentir que ya había estado antes allí? ¿Se siente atraída hacia ciertos lugares? ¿Hay lugares que teme visitar o que le aterraron inmediatamente cuando los visitó? Tómese su tiempo para llevar a cabo este examen del déjà vu. En ocasiones recordará enseguida estos sentimientos, pero en otras ocasiones los recordará más tarde.

Las experiencias de déjà vu no siempre son felices y todos los sentimientos de familiaridad, buenos o malos, no son el resultado directo de situaciones de una vida pasada. Pero puesto que muchos de ellos lo son, recuperar cualquier recuerdo personal de déjà vu puede ayudarnos en nuestro intento por comprender y creer en la reencarnación. Procure hacer este ejercicio con frecuencia porque se necesita tiempo para desbloquear los recuerdos que están ocultos en nuestras mentes subconscientes.

Tome una tarjeta *blanca* y escriba:

Sea paciente. Se necesita tiempo para desbloquear los recuerdos ocultos en nuestras mentes subconscientes.

Cada vez que disponga de unos pocos minutos libres, siéntese tranquilamente y vea si puede recordar a personas, lugares, sentimientos o sensaciones que puedan indicarle una experiencia de déjà vu. Eso le ayudará mucho en su habilidad para comprender la continuidad de la vida. También le indicará los temas de una vida pasada que puedan tener un impacto sobre las situaciones de la vida actual.

No es necesario que recordemos nuestras vidas pasadas para llevar actualmente una vida hermosa, útil y feliz. Lo esencial es que vivamos el momento con amor e integridad. Veremos los resultados de nuestras acciones presentes durante el resto de esta vida. Estamos configurando nuestros futuros con nuestro comportamiento actual. Mantengamos siempre la mente abierta para recibir el don del conocimiento.

Nunca debemos utilizar el karma de una vida pasada como una excusa para nuestra falta de buen juicio en la vida actual. El siguiente es un buen consejo que haría bien en anotar en una tarjeta *blanca*:

Reflexione siempre sobre las pautas de su vida actual, antes de entretenerse en los ámbitos de las posibilidades de una vida pasada.

COMENTARIOS SOBRE LA TERAPIA DE REGRESIÓN A UNA VIDA ANTERIOR

En la actualidad se han puesto muy de moda las sesiones de regresión a una vida anterior. En esas sesiones, el paciente es hipnotizado o relajado y guiado de regreso a un tiempo o lugar en el que podía haber vivido antes. Este tipo de terapia puede resultar útil cuando la practica un vidente o un terapeuta formado. La síntesis de lo psicológico y lo metafísico puede ser un potente método curativo. Hay muchas fobias y otros traumas que encuentran su fundamentación no en esta vida sino en otra vida anterior.

Estoy convencida de que, bajo hipnosis, ciertas personas pueden entrar en los registros akáshicos. Eso no quiere decir que esas personas sean capaces de leer el Akasha a voluntad. Se encuentran en un estado relajado, similar al de un trance, en el que brotan ciertos recuerdos oscuros de una vida pasada. Eso es muy raro, pero puede suceder. Si una persona recibe información exacta sobre una vida anterior, el efecto se verá reflejado en la vida actual. Ese conocimiento debería servir, y mucho, para resolver un trauma, fobia u obsesión actuales.

Tome una tarjeta *blanca* y escriba:

Si una persona recibe información exacta sobre una vida anterior, el efecto se verá reflejado en la vida actual.

Hay algunos excelentes psiquiatras que ayudan a los pacientes mediante la terapia de regresión a una vida anterior. Esos médicos son muy valerosos. A la mayoría de médicos les aterroriza verse relegados al ostracismo por sus compañeros en el caso de que se atrevan a proclamar públicamente que creen en la reencarnación o en fenómenos psíquicos. La falta de pruebas científicas es lo que se aduce como principal excusa para despreciar todo lo considerado como «paranormal».

Y, sin embargo, un escepticismo saludable no es nada malo. Casi todas las lecturas de una vida anterior son inexactas. He tenido por lo menos a cincuenta clientes que me han asegurado saber que están viviendo su última encarnación. Todos ellos se basan en la misma convicción: lo descubrieron durante una sesión de regresión a una vida anterior. Habitualmente, esas personas se sienten desgraciadas con uno o varios de los siguientes aspectos de sus vidas: trabajo, vida sentimental, familia o dinero. Muchas sufren de depresión y desesperación. ¿Qué profesional serio puede decirles a esas personas que ya han alcanzado el autodominio total? No sólo faltan a la verdad, sino que, además, actúan de modo poco afable. La mejor forma que conozco de encontrar a un respetable regresionista a vidas pasadas es mediante la referencia de alguien a quien se respeta y que haya asistido a una sesión. Otra vía podría ser la de leer un libro o un artículo escrito por un regresionista o acerca de él, en el que se ofrezca información práctica y en profundidad sobre el trabajo que realiza.

Es de sentido común pensar que aquello que somos en esta vida depende de cómo actuamos en nuestras vidas pasadas y en cómo nos estamos comportando en ésta. Así pues, si acude a una sesión de lectura de su vida pasada, procure estudiar la información que se le transmite y vea cómo le ayuda a vivir más sabiamente en el aquí y el ahora.

KARMA COLECTIVO

Las leyes de la reencarnación y del karma tienen que aplicarse a las naciones y a las razas tanto como a los individuos. Una nación está compuesta por un grupo de personas limitadas por la política, la cultura y el karma. Es bastante fácil ver las diferencias que hay entre un italiano, un francés, un japonés y un estadounidense. El idioma, las tradiciones y los gustos varían mucho entre unos y otros. El karma de una nación está compuesto por el karma combinado de todas las personas que viven en ella. Es decir, cada uno de nosotros nace en una determinada época y en un país, raza y religión concretas.

Lawrence me dijo en una ocasión: «La moderna revitalización en todos los ámbitos de lo metafísico tiene mucho que ver con las muchas almas de las antiguas civilizaciones de Egipto y Grecia que están naciendo en nuestro mundo occidental».

Esta no es, necesariamente, nuestra última encarnación terrenal, pero la mayoría de nosotros vivimos una de nuestras muchas vidas pasadas en estas civilizaciones.

No podemos dejar de lado nuestra responsabilidad social. Tenemos que hacer todo aquello que podamos para ayudar al mundo que nos rodea. Cualquier nación o imperio creado sobre la injusticia acabará por derrumbarse tarde o temprano. Toda acción de servicio hecha a otro tiene importancia. Tenemos que preguntarnos si es el karma de una persona el pasar hambre o si es nuestro karma el alimentar a esa persona. ¿Vamos a permitir vivir sumidos en el aislamiento, ignorando a otros países, únicamente en beneficio de nuestra riqueza y poder? Si lo hacemos así, cada uno de nosotros renacerá eventualmente en la pobreza y la impotencia.

No debemos olvidar que a cada segundo está naciendo nuevo karma. Eso debería hacernos más sensibles a las necesidades de los

64

demás. Las tragedias mundiales se retransmiten inmediatamente vía satélite hasta nuestras televisiones, radios y ordenadores. Es casi imposible ignorar las difíciles situaciones y desastres que afligen a los demás. El mundo sólo avanzará hacia el equilibrio cuando todos hayamos contribuido, en todas las formas que podamos, al bien del conjunto de la humanidad. Cuando se trata de ayudar a los demás, ninguna acción es insignificante.

«No hagas a otro lo que no quieras que te hagan a ti» es una de las afirmaciones más profundas sobre el karma. Piense en la magnitud de esas palabras. Todas las acciones crean reacciones. Todos estamos conectados con los demás por nuestro karma universal. Aquello que hagamos, o no hagamos, nos será devuelto.

LIMPIEZA DEL KARMA

En el banco del karma no se borra nada. Lo que hemos hecho, ya no se puede deshacer. Podemos reconocer nuestros errores y decidir remediar las situaciones, pero no podemos cambiar el pasado. Eso explica por qué mucha gente tiene la sensación de que nunca logrará avanzar en la vida. «Hago todo lo que puedo para ser una buena persona, pero no sigo teniendo más que problemas.» Este misterio se puede explicar sabiendo que tenemos que afrontar temas no sólo de nuestra vida actual, sino también de nuestras vidas pasadas. La persona que se gana bien la vida, al margen de las presiones a las que se enfrenta, está creando buen karma para el futuro. No siempre tenemos por qué esperar a nuestra próxima vida para ganar la recompensa por los hechos buenos. (Por ejemplo, Charlene le entregó una ficha de metro a una mujer que le dijo que se había olvidado el bolso. Dos semanas más tarde, ella misma se olvidó el dinero mientras tomaba un café y el hombre que estaba tras ella se lo pagó.) Esta vida puede dar un giro a mejor en cualquier momento.

La vida media es una mezcla de depósitos y retiradas, de cosas afortunadas y desafortunadas. Cualquiera que le diga ser capaz de eliminar todo su karma pasado no es más que un estafador, un seudoartista. Una clienta me dijo que había pagado cinco mil dólares a una «limpiadora del karma». Al principio pensé que bromeaba, de lo ridículo que aquello me pareció.

—¿Y qué producto limpiador utilizó? —le pregunté.

—Dijo muchos encantamientos en un idioma que no comprendí —me contestó la mujer.

—Podría ser perfectamente una embaucadora del karma. No hay forma de «limpiar» el karma pasado. Si ha hecho sufrir a alguien, es práctico que tenga que sufrir a su vez. De ese modo puede aprender y seguir adelante en la vida, creando un nuevo karma bueno. Siento mucho que gastara tanto dinero por algo que no se puede hacer —le expliqué.

—Esa señora es famosa, así que debe de saber lo que se hace —me aseguró la clienta.

—El diablo también es famoso, pero eso no quiere decir que debamos hacer lo que él nos diga —le repliqué.

La clienta captó mi mensaje. Pudo comprender así lo absurda que era aquella noción de «limpieza del karma». Aquel día se marchó más triste de mi consulta, pero también más sabia.

EL KARMA Y EL SUICIDIO

El suicidio nunca está predeterminado. Siempre es una decisión que se toma en la encarnación actual. A menudo, esa decisión se toma en un momento de insoportable angustia emocional o de la más completa desesperanza. Para algunos, parece ser la única forma de salir de su tormento. Las personas queridas que quedan sufren un intenso dolor, así como sentimientos de culpabilidad, conmoción y cólera ante la interrupción antinatural de la vida.

En los periódicos se pueden leer muchas historias sobre personas de todas las clases sociales que eligieron el suicidio, pensando que ese sería el final de su dolor. Ese fenómeno tampoco está limitado a los adultos. En la actualidad se quitan la vida un número alarmante de adolescentes e incluso de niños pequeños. Me quedé conmocionada al saber que, en Estados Unidos, el número de suicidios supera al de homicidios.

El suicidio no es aceptable. Es un acto de violencia contra el alma. Alguien que se quita la vida física no muere. En lugar de eso, el espíritu reside entre el mundo terrenal y el espiritual, hasta que llega el momento en que habría fallecido de forma normal. Se entiende por fallecimiento normal el momento en que el cuerpo habría fallecido si la persona no se hubiese provocado la muerte.

El único momento en que es kármicamente correcto quitarse la vida es para proteger una verdad superior. Eso se convierte entonces en un acto de valentía y desprendimiento, un acto protegido divinamente. Por ejemplo, es un luchador perteneciente a la resistencia y es capturado. Sabe que lo torturarán y lo obligarán a revelar los nombres de otros luchadores por la libertad. Entonces, decide quitarse la vida para protegerlos, con lo que protege a una causa superior: la libertad. Esa acción no es castigada, sino reverenciada.

El karma no le obligó a unirse a la resistencia. Esa fue una decisión que tomó cada persona. El karma únicamente lo situó en un ambiente que le permitió tomar esa decisión. Así pues, el resultado de su captura y la decisión de acabar con la propia vida para salvar a otros no es algo que estuviera predestinado. Esa clase de honor y nobleza es evidente en las palabras de Sydney Carton, que entregó su vida para salvar las de sus amigos: «Es mucho mejor lo que hago que lo que he hecho nunca; el descanso hacia el que me dirijo es mucho mejor que cualquier otro que haya conocido» (en *Historia de dos ciudades*, de Charles Dickens). El suicidio de Sydney vino motivado por el ideal más elevado: salvar la vida de su amigo. Al hacerlo así, también salvó las vidas de la esposa, la hija y el padre de su amigo y sirvió a su país. Este acto de desprendimiento fue kármicamente aceptable.

La mayoría de la gente que se suicida no es malvada. Se siente deprimida, desesperanzada, les falta la visión o el valor para comprender que allí donde hay vida, hay esperanza. La vida se ha vuelto tan compleja que la única esperanza de paz parece hallarse más allá de la tumba.

Tome una tarjeta *blanca* y escriba:

Donde hay vida, hay esperanza.

Las personas que creen en el karma y en la reencarnación raras veces se suicidan. Esa convicción les confirma que no se muere, de modo que no pueden matarse a sí mismas.

Tome una tarjeta *blanca* y escriba:

No se muere, de modo que no puede matarse a sí mismo.

Impacto

El suicidio es devastador para las vidas de todos aquellos a los que afecta. No conoce edad, raza o género y su impacto lo sienten todos. No siempre hay señales claras de que alguien se va a quitar la vida. Pero, en ocasiones, las señales de advertencia son cegadoras como anuncios de neón, diciendo: «¡Ayúdame! ¡Ayúdame! ¡Ayúdame!». Tenemos que intentar ser conscientes del dolor de los demás. En muchos casos, podríamos ayudar para prevenir que la gente se quite la vida. Debemos mostrarles que hay alternativas al suicidio. Asumimos un karma terrible cuando permitimos que alguien se suicide si no actuamos para evitarlo.

Lawrence me dijo en una ocasión: «El impulso a cometer suicidio es mayor en aquellos años de la vida de una persona que son divisibles por siete, sin resto». Esta afirmación daba mucho que pensar. De los casos que conocía a partir de mi propio trabajo, casi todos ellos coincidían con esos ciclos de siete años. No me transmitió ninguna otra percepción acerca del por qué parecíamos ser más vulnerables cada siete años. Simplemente, me dijo que lo éramos. Sería por tanto prudente vigilar estos períodos de tiempo con una intensidad adicional.

Hay una gran diferencia entre alguien que encuentra una muerte accidental y quienes se quitan la vida porque temen afrontar el mundo o, simplemente, no desean hacerlo así. Hay muertes que, a primera vista, pueden parecer suicidios, pero que resultan no haber sido intencionadas. Por ejemplo, un hombre ha estado sometido a tratamiento por varios problemas emocionales. Un buen médico le receta un medicamento que debería ayudarle. Trágicamente, se produce una reacción anormal ante ese medicamento. El paciente se mata a sí mismo. Estaba siendo tratado por un médico excelente y tomaba la cantidad de medicamento que se le había recetado. Su única motivación era sentirse mejor. Esta acción, por tanto, no constituye un suicidio, ya que el paciente únicamente intentaba promover la vida.

Los suicidas no van al infierno

El karma no castiga a una persona que se quita la vida, del mismo modo que una ola no ahoga intencionadamente a nadie. Es erróneo y cruel pensar que los suicidas van automáticamente al infierno. El suicida permanecerá entre los mundos terrenal y espiritual hasta que llegue el momento en que hubiese «fallecido» si no se hubiera suicidado. Eso no es el infierno, pero es incómodo escuchar las lamentaciones de las personas que han quedado atrás. Es una especie de terreno de nunca jamás, lo que demostraría una vez más que uno no puede matarse a sí mismo. El espíritu no muere. Al margen de cómo muera uno físicamente, la muerte es como quitarse un abrigo, quemar la prenda y anunciar que se ha muerto. Lo cierto es que ya no se tiene ese recubrimiento físico, el abrigo. Pero se sigue estando vivo. ¡Es el bumerán! Se creía estar muerto, y no se está.

La gente necesita darse cuenta de que en toda vida tiene que caer una cierta cantidad de lluvia y no siempre llueve a gusto de todos. La mala salud y el temor al dolor son razones habituales para decidir terminar con la vida física. Pero si se termina una vida antes de que el karma se haya agotado, se tendrá que pasar por la enfermedad o el dolor en otra vida.

LA EUTANASIA

Es un tema candente, porque muchas personas están convencidas de que tienen el derecho a acabar con su propia vida o con el sufrimiento de sus seres queridos. Sin embargo, no hay piedad alguna en la muerte por piedad. Desearía que la gente pensara en la totalidad del cuadro. Una vez que se ha liberado el karma de la enfermedad, muriendo de muerte natural, éste se ha terminado. Descansará en paz y se renacerá sin esa tortura. ¿Por qué correr el riesgo de vivir otra vida completa con esta enfermedad?

Lawrence me ha hablado apasionadamente sobre este tema. «A menudo es la compasión lo que hace creer a la gente que la muerte por piedad es lo más correcto —dijo—. Pero esa compasión está equivocada. ¿Quién tiene el derecho de elegir la vida o la muerte para nadie, incluidos ellos mismos? La ley del karma es un juez muy decisivo en este asunto. Si su karma es el de tener una muerte difícil, hay que afrontarlo si no se quiere repetirlo en una nueva vida. Los suicidios o las muertes asistidas no suponen el final del sufrimiento, sino que son el principio de un dolor mucho mayor: el sufrimiento espiritual.»

EL KARMA NO TIENE CALENDARIO

Los resultados de todas las acciones volverán a nosotros, si no en esta vida, en otra. La muerte no borra el karma. Simplemente, lo retrasa. Vivirá tantas vidas como sean necesarias para equilibrar sus cuentas bancarias kármicas. Se reencarnará con todos sus haberes y deudas en su cuenta bancaria kármica, exactamente tal como las dejó cuando murió. No hay necesidad de precipitarse porque no llegará a la meta hasta que no se haya autocontrolado por completo. El karma no tiene calendario.

Tome una tarjeta *blanca* y escriba:

El karma no tiene calendario.

3. Karma y salud

La medicina es más un arte
que una ciencia.

PARACELSO

La salud tiene un valor inestimable para todos. Algunas enfermedades tienen causas naturales, mientras que otras parecen tener orígenes misteriosos. Las de causas naturales tienen sus raíces en nuestra vida actual. Las enfermedades de orígenes inexplicables son kármicas (como, por ejemplo, las que no tienen un historial familiar, una base dietética, ambiental o psicológica, etcétera). Son atraídas a esta vida desde una vida pasada. Una vez que el karma se ha equilibrado, quedará restaurada la buena salud. En ocasiones, tenemos que vivir soportando un problema físico durante toda la vida y en otras ocasiones se resolverá mientras aún tengamos tiempo de disfrutar de la vida sin ese problema. Un problema de salud kármica no tiene por qué durar necesariamente toda la vida de la persona. El problema puede acompañarnos hasta que el karma haya quedado equilibrado.

La salud física nos ofrece uno de los más grandes ejemplos de la ley de causa y efecto. ¿Cuántas veces se ha resfriado o ha contraído la gripe porque se sentía completamente agotado? Eso podría deberse a un exceso de actividad mental o física. El hecho de que se permitiera a sí mismo quedar agotado tuvo como resultado el que se pusiera enfermo. El efecto bumerán fue evidente.

Naturalmente, no todas las enfermedades tienen raíces tan evidentes. En muchas ocasiones se necesita acumular las emociones antes de que el cuerpo se rebele. Pero el cuerpo se rebelará si se ve obligado a vivir en un estado de desequilibrio. No hay ningún gran misterio en este tipo de problema de salud.

Un breve período de autoexamen será suficiente para que lo comprenda perfectamente. «Sabía que iba a ponerme enferma, pero no pude disminuir el ritmo», es una frase que, como una especie de mantra, se escucha en muchas partes. Podría haber evitado esta situación si hubiese «escuchado» lo que le decía su cuerpo y se hubiera tomado un respiro. En ocasiones, el exceso de trabajo, debido a una obsesión por alcanzar la perfección, puede conducir a una mala salud. Eso se puede evitar aligerando nuestra actividad mental y física. Tenemos que respetar nuestros cuerpos y nuestras mentes para vivir con la armonía de una mayor salud.

Tome una tarjeta *azul* y escriba:

Respetaré mi cuerpo y mi mente, para poder vivir con la armonía de una mayor salud.

Tenemos que respetar la salud de los demás, procurando no infectarles nuestras enfermedades contagiosas. ¿Con qué frecuencia ha contraído un resfriado en el trabajo porque alguien se lo pegó? No siempre es evitable, ya que los síntomas no siempre afloran a tiempo y entonces se transmite el problema a otra persona. Pero es un mal karma no intentar hacer todo lo que pueda para no infectar nunca a otra persona.

Tome una tarjeta *azul* y escriba:

Haré todo lo que pueda para no infectar nunca a otra persona con mi enfermedad.

Luego, están las enfermedades de transmisión sexual. Una persona consciente de estar infectada con una de ellas (herpes, sida, verrugas genitales, etcétera), tiene la responsabilidad moral de informar a su pareja potencial antes de establecer con ella cualquier contacto físico.

Una mala comprensión del karma puede provocar un efecto bumerán grave. Me quedé conmocionada cuando un cliente que tenía sida me dijo que si alguien quería mantener relaciones sexuales con él, no sentía la necesidad de decirle que había contraído esa enfermedad. A modo de justificación de su actitud, añadió: «Lo que le suceda, es su karma». Le pregunté por su responsabilidad de alertar a la pareja, pero él despreció con arrogancia la idea de la responsabilidad personal, diciendo: «No es mi problema». «Oh, claro que lo es, querido —le repliqué—. Eso se puede comparar a cometer un asesinato.» (No volví a verlo nunca más, pero más tarde supe que había muerto.) En su próxima vida sufrirá el mismo tipo de muerte que había causado en ésta.

Algunas personas están convencidas de que si el karma de alguien es sufrir, no deben interferir. ¿Acaso un buen médico deja a un paciente agonizante si es capaz de administrarle algún alivio? ¿Es que un buen samaritano puede dejar de ofrecer ayuda a una persona herida? No olvidemos que si nuestro karma es el de hallarnos en una posición de ayudar, nuestro deber consiste en evitar la tragedia. Si hemos contraído una enfermedad contagiosa, tenemos la responsabilidad de admitirlo. No siempre resulta fácil decirle a los demás que tenemos ciertos problemas de salud, pero el karma del engaño es muy pesado de sobrellevar. Hay algunas personas muy agradables que padecen inquietantes problemas de salud.

Tome una tarjeta *azul* y escriba:

El karma del engaño es muy pesado.

Joyce se aleja de Gary

Joyce acudió a verme sumida en un estado depresivo. Se había comprometido para casarse con un hombre llamado Gary. Al acudir al médico para hacerse un control anual, se quedó atónita al saber que tenía herpes. El médico le informó que la única forma de contraer la enfermedad era a través de relaciones íntimas. Su único amante era Gary, así que se lo comunicó. Al principio, él lo negó, pero finalmente admitió haber tenido una aventura de una sola noche con alguien que no significaba nada para él. Así debió de haber sido cómo contrajo la enfermedad. A pesar de sus repetidas disculpas, Joyce se alejó de él y rompió las relaciones. Le dijo que ya nunca más podría volver a confiar en él. Gary pagó un precio muy alto por una aventura de una sola noche. Perdió a una mujer maravillosa y contrajo una enfermedad social. ¡Efecto bumerán!

Después de que Joyce y yo analizáramos la situación, ella pudo admitir que estaba agradecida por el hecho de que no hubiese sido peor. También estaba agradecida porque todo había ocurrido antes de la boda. Para ella fue una conmoción a más de un nivel. Fue un golpe descubrir que Gary había sido capaz de hacer algo tan dañino. Y fue terrible contraer un herpes, como un recordatorio permanente de la traición de Gary.

Joyce volvió a verme un año después de nuestro primer encuentro. Estaba saliendo con otro hombre. Le había contado lo del herpes dos semanas después de conocerlo. No tenía la intención de correr ningún riesgo de transmitir la enfermedad y no deseaba intimar con alguien a quien acababa de conocer. Es un buen hombre y disfrutan el uno del otro. Me sentí encantada de decirle que «veía» un maravilloso futuro para ellos. La integridad de Joyce creó el nuevo karma de atraer a un compañero honorable.

FUERZA VITAL

Todos nacemos con una cierta cantidad de energía. Eso es algo que también se conoce como fuerza vital. A medida que envejecemos, el suministro disminuye y el cuerpo empieza a ralentizar su actividad o, en muchos casos, se desmorona. Evitar las preocupaciones y la fatiga nos ayudará a mantener el cuerpo cargado con la fuerza vital durante un período más prolongado y sano de la vida. Una cantidad equilibrada de ejercicio físico afirma la vida y ayuda al cuerpo a aumentar su flexibilidad y fortaleza. El ejercicio excesivo y compulsivo es una mala utilización de la fuerza vital y puede provocar que el cuerpo se rebele y se debilite. Lawrence se mostró vehemente al respecto. En cierta ocasión me dijo: «Hija mía, una persona desarrollada espiritualmente nunca caminaría de un lado de la habitación al otro sin una buena razón. No querría desperdiciar nada de su fuerza vital».

Tome una tarjeta *azul* y escriba:

El ejercicio excesivo y compulsivo es una mala utilización de la fuerza vital.

Nancy utiliza mal su fuerza vital

Nancy realizaba ejercicios de tres a cuatro horas diarias. Si se la pasaba un solo día sin hacer sus ejercicios, se ponía histérica. Me resaltó que no se sentía bien a menos que hubiese realizado su dosis diaria de carrera, los ejercicios en la cinta sin fin y los de aeróbic de alta intensidad. Le pregunté: «¿Cómo le queda energía para hacer todo lo demás?». Insistió en que su rutina de ejercicios le permitía sentirse estupendamente bien y que le proporcionaba mucha resistencia. Pero tenía un aspecto anoréxico: todo piel y huesos. Sentí la tentación de meterme en la cocina y prepararle un bocadillo. Observé que sufría de múltiples lesiones: un tobillo vendado, cicatrices en las rodillas... A pesar de todo, seguía realizando sus ejercicios.

—Nancy, ¿de qué huye? —le pregunté.

Me miró como si me hubiese vuelto loca, antes de contestar:

—De nada.

—Nancy, únicamente se nos concede una determinada cantidad de energía vital en una vida. Si la agota realizando tanto ejercicio, sufrirá de una falta de energía en la segunda mitad de su vida.

—Por entonces sólo tenía veinticinco años.

—No lo creo —me replicó. Afirmó, obstinadamente, que no se sentiría bien sin su rutina de ejercicios. Vi que terminaría por derrumbarse si no aminoraba el ritmo. Pero ella no quiso escucharme.

Doce meses más tarde acudió a verme de nuevo. Nancy se había desmayado en el trabajo y la habían tenido que llevar a un hospital, aquejada de un agotamiento completo, complicado con un estado de malnutrición. La vida la había obligado a disminuir el ritmo y echar un vistazo a lo que se estaba haciendo a sí misma. Había estado hospitalizada durante más de un mes. Lo ocurrido la asustó lo bastante como para cambiar su comportamiento. Ahora sólo hacía cuarenta minutos de ejercicio cuatro veces a la semana y vigilaba su nutrición. Aún tenía días en los que le era difícil controlar su deseo de hacer ejercicios más esforzados, pero trabajaba duro para intentar mantenerse equilibrada.

—No comprendí lo que quiso decir acerca del agotamiento de mi fuerza vital. Pero la conmoción de verme hospitalizada me ayudó a comprenderlo —admitió Nancy.

—Más vale tarde que nunca —le dije.

—Ahora que no hago ejercicio todo el tiempo me siento mejor y tengo mucha más energía para otros intereses. Me estaba perdiendo muchas cosas de la vida al dedicar tanto tiempo a correr. Gracias por ayudarme. Hasta que no me encontré en el hospital no empecé a encontrarle sentido a sus palabras de advertencia. Seguramente, la última vez que estuve aquí debió de pensar que estaba loca —me dijo con lágrimas en los ojos.

Nancy había aprendido que no hay que dar por sentadas la energía y la fuerza vital. Fue una pena que tuvieran que hospitalizarla para despertar y ver la luz. Hay una forma más fácil de aprender: «Poner sentido común en todas las cosas», como solía decir mi abuela. Hay mucho de sabiduría en ese sencillo consejo, que, a largo plazo, podría ahorrarle a una persona mucha energía y más de un dolor sentimental.

La disposición juega un papel fundamental en el estado de nuestra salud. Los arrebatos de carácter, la irritabilidad constante, la ira y la histeria se han convertido en norma para mucha gente. La gente se vuelve loca y su única excusa es que no puede evitarlo. «Así es como soy», dicen. «Estallo y dejo que salgan todos mis sentimientos.» «Tengo una naturaleza colérica.» He oído esas excusas tantas veces que ya ni las cuento. Me parece que muchas personas de nuestra sociedad creen que está bien actuar como inútiles.

Las consecuencias de una mala disposición afectan al equilibrio del cuerpo. El efecto bumerán quizá tarde años en volverse contra este tipo de comportamiento, pero sin duda alguna se producirá. Cada vez que perdemos la frialdad y estallamos estamos utilizando partes muy valiosas de nuestra fuerza vital. También estamos contribuyendo a desmoronar el cuerpo y el sistema nervioso. Los problemas de estómago, los pruritos, la pérdida de cabello, los dolores de cabeza y de espalda no son más que algunos de los achaques habituales que resultan de unos hábitos mentales y emocionales negativos.

Creo que sería beneficioso darse cuenta de que podemos mejorar nuestra naturaleza. Primero, tenemos que reconocer aspectos de la naturaleza que provocan falta de armonía en nosotros y en otros. Una vez reconocido eso y con un poco de esfuerzo, podemos cambiar nuestras acciones y reacciones. El resultado final será una vida física, mental, social y espiritual más sana. Y la fuerza vital se conservará gracias a esa acción positiva.

Tome una tarjeta *azul* y escriba:

Sólo recibimos una cantidad determinada de fuerza vital en la vida. ¡No la despilfarre!

No toda enfermedad está enraizada en una mala disposición o en un despilfarro de la fuerza vital. Pero le puedo asegurar que nunca se sentirá bien mientras se permita vivir en un estado de agitación. Uno de los factores comunes en las vidas de muchos de mis clientes y de buena parte de la humanidad es un alto nivel de ira, expresado en preguntas como: «¿Por qué yo?», o «¿Por qué mi karma me impone que todo sea tan difícil?».

El karma no tiene que utilizarse como una excusa para el mal genio y el comportamiento extremado que tiene como resultado una mala salud. La buena salud es con gran frecuencia el resultado del pensamiento y la acción positivas. Antes de achacar a una vida pasada nuestro problema de salud actual, tenemos que examinar esta vida y estudiar nuestro estilo de vida actual. Las personas que quebrantan las leyes naturales de la buena salud, que se alimentan mal, beben alcohol en exceso, fuman, no hacen ejercicio, nunca duermen adecuadamente y están siempre irritables y coléricas, viven en la negación si achacan la culpa de su enfermedad al karma de una vida pasada.

A continuación se indica un ejercicio que le ayudará a determinar si una enfermedad hunde sus raíces en esta vida o en una vida pasada. Tome el diario de *El poder del karma* y empiece.

EJERCICIO: LA RAÍZ DEL PROBLEMA

1. Anote cualquier problema o tema de salud que tenga: fatiga, alergias, problemas cutáneos, dolores de cabeza, caída del cabello o rotura de las uñas, fluctuaciones de peso, un resfriado que no acaba de desaparecer, glándulas hinchadas, encías que sangran, etcétera.

2. Examine cuidadosamente la lista y sea absolutamente sincera consigo misma. ¿Es alguno de esos problemas el resultado de sus actuales malos hábitos? El tabaco, beber cantidades excesivas de alcohol o la falta de una dieta o de un ejercicio adecuados pueden provocar problemas que se harán sentir. La mayoría de las veces, esos problemas se resuelven por sí solos con la moderación, la disciplina o la abstinencia. Por otro lado, algunos síntomas pueden alertarle de un problema mayor, que exija tratamiento médico profesional. Si observa que no atrae problemas médicos debidos a malos hábitos y si no puede encontrar en esta vida una razón que los explique, se trata de karma. Trajo usted el problema de una vida anterior. Recuerde que el karma no tiene calendario. Si abusó de su

cuerpo con excesos cometidos en una vida anterior y creyó que podría salir bien librado de ello, se equivoca. Tendrá que afrontar el problema en esta encarnación o en otra futura, hasta que sea capaz de resolverlo.

La lección es que, al margen de cuáles sean sus raíces, tenemos que afrontar los problemas en el aquí y el ahora. Podemos emprender una acción inmediata para mejorar nuestra salud.

Cuando la enfermedad es una bendición disfrazada

Las enfermedades no siempre son desastres. Pueden ser despertadores kármicos.

Mitchell, un cliente mío, trabajaba setenta horas a la semana y sufría de migrañas y de melancolía. Su matrimonio hacía aguas debido a que no disponía de tiempo para su esposa e hija. No tenía equilibrio en su vida. Dormía muy poco, comía mal y no escuchaba a nadie que le aconsejara hacer otra cosa. Su esposa, un hermano, su madre y un colega le habían dicho que se estaba matando, a pesar de lo cual Mitchell continuó llevando una vida desequilibrada.

Acudió a mi consulta, pero sólo estuvo interesado en escuchar cuestiones relacionadas con el dinero y el poder. Le obsesionaba la idea de ganar millones de dólares de la manera más rápida posible. Le advertí acerca de su salud, indicándole que veía problemas estomacales que ponían su vida en peligro. Mi advertencia cayó en saco roto. Le dije que su aura indicaba que estaba a punto de desmoronarse. No quiso saber nada de problemas de salud. Pero se sintió intrigado por el aura y me pidió que se lo explicara.

EL AURA

Un aura es una esencia que emana de las personas, los animales y las cosas.

Las auras son invisibles para la mayoría de la gente. Algunas personas, como yo misma, podemos ver las auras. Un aura es una sustancia psíquica y como nebulosa, creada por nuestros pensamientos. Cada pensamiento emite una vibración, acompañada por un color. Los colores y las vibraciones de nuestras auras cambian con cada pensamiento que producimos. Los pensamientos que cruzan con rapidez por nuestras mentes no crean formas duraderas. Por ello se les llama «pensamientos fugaces». Otros, en cambio, se convertirán en auras poderosas que pueden afectar mucho a nuestras vidas, debido a su intensidad o repetición.

Hay muchas tonalidades de cada color que indican diferentes sentimientos o problemas. El aura de Mitchell era de un color gris profundo y pesado; lo rodeaba por completo y eso me alertó de su depresión y dolores de cabeza. Si el gris hubiera sido pálido, lo habría interpretado como temor. Mientras hablábamos de su deseo de alcanzar un mayor éxito material, una profunda tonalidad anaranjada se deslizó en su aura. Ese tono anaranjado indicaba, en particular, una ambición excesiva. Un naranja algo más claro había indicado un sentido de orgullo. Había una brillante aura roja que emanaba de la zona de su estómago, revelando sus problemas con las úlceras.

En ocasiones veo auras; otras veces, en cambio, las siento. Todo es una cuestión de ser sensible a la vibración. Una persona debe tener habilidad psíquica para ver las auras; es como una forma de clarividencia, no una señal de un desarrollo espiritual más elevado. Se sabe que muchas personas que no son muy espirituales tienen la habilidad de leer auras.

El color y la vibración de un aura son el resultado directo del nivel de pensamiento y actuación de la persona. El aura emanará belleza, salud y armonía en proporción directa con el carácter de la persona. Y, a la inversa, la envidia, el odio, la avaricia, los celos y otras formas de negatividad emanarán también del aura. Podemos cambiar los colores de nuestra aura sólo cambiando la naturaleza de nuestro pensamiento y comportamiento.

Terminé mi explicación sobre las auras y le rogué a Mitchell que acudiera a un médico para someterse a un examen físico completo. Le sugerí que dedicar algún tiempo a examinar su estilo de vida le ayudaría a comprender lo desequilibrado que estaba. Pero, sencillamente, Mitchell no estaba preparado para afrontar los hechos de la salud, la armonía, la autoconservación o el equilibrio. Se encaminaba directamente a una situación con graves problemas. Ya no podía decirle nada más. Sólo de él dependía elegir cómo quería vivir su vida. Yo no podía interferir con su karma. Seis meses más tarde me enteré de que habían tenido que llevarlo urgentemente al hospital con una úlcera sangrante. Estuvo a punto de morir. Para recuperarse necesitó casi un año de descanso total, buena alimentación y ausencia de estrés.

Mitchell regresó a verme para una segunda sesión. Para entonces ya era un hombre completamente diferente. Dijo que su enfermedad había sido una bendición disfrazada y que, como consecuencia de ella, estaba reconfigurando su vida. Había dimitido de su trabajo y ahora trabajaba desde su casa. Le iban bien las cosas y ya no se sentía obsesionado con el dinero. Mitchell se lo pasaba estupendamente con su esposa e hija. Habían desaparecido por completo los dolores de cabeza, la depresión y la úlcera, resultados directos del estrés.

Mitchell podría haber muerto, pero en lugar de eso eligió cambiar. Ahora era capaz de encontrar una mayor salud y alegría en su vida. Tuvo que matar las partes de sí mismo que le estaban provocando un mal karma. Y ahora realizaba una magnífica reestructuración de su estilo de vida.

—¿Cómo está ahora mi aura? —me preguntó.

—Es de un hermoso color azul, de una tonalidad que demuestra respeto por lo sagrado de la vida —le contesté.

ODIO: UNA EMOCIÓN PELIGROSA

El odio siempre es nocivo para la salud. Sencillamente, no es posible odiar y estar sano al mismo tiempo. Ninguno de nosotros recibe más daño con lo que alguien nos hace que con nuestras propias reacciones negativas a una herida, y tenemos que hacer todo lo que esté a nuestro alcance para cortar el odio de raíz, cuando aún está en ciernes. La paciencia y la tolerancia son dos de las mejores armas contra el odio. Una de las principales causas de la locura es el odio o la ira incontroladas. Imagine que nuestros cuerpos se hallasen conectados (como una lámpara). El aumento de la negatividad enraizada en el odio o la ira pueden provocar un cortocircuito.

Piense en lo siguiente: ¿acaso el odio ha resuelto alguna vez un problema? Desde luego que no. El odio no hace sino aumentar nuestra confusión y ponernos más difícil la resolución de los conflictos.

«Hay que concentrarse en la solución, en lugar de hacerlo en el problema», dijo Lawrence varias veces. El odio siempre atrae un karma negativo. En un corazón amoroso no hay lugar para el odio. A pesar de todo, hay muchas ocasiones en las que abrigamos sentimientos de odio, aunque debemos hacer todo lo que podamos por superarlo y restaurar el equilibrio kármico.

EJERCICIO: CÓMO SUPERAR EL ODIO

Siéntese tranquilamente y procure concentrar su mente sobre el objeto de su odio. Examínelo atentamente. ¿Se trata de una persona que le ha ofendido? ¿De un jefe que le ha humillado? ¿De un cónyuge o amante por quien se ha sentido traicionado o abandonado? ¿Experimenta esa emoción hacia un familiar o un amigo?

Ahora que ha afrontado el problema, avancemos para encontrar una solución. Concéntrese en dejarse ir. Visualice su mente desprendiéndose del odio, como una mano que se abriera para soltar confetis. Sustituya las palabras o pensamientos de odio con frases de perdón y comprensión. Quizá le resulte difícil o imposible durante los primeros intentos. Pero no abandone. Quizá sólo pueda aferrarse al pensamiento de perdón durante unos pocos segundos, pero hágalo. Realice cada día este ejercicio de contemplación durante cuarenta días y luego otros cuarenta día si puede. Esto es esencial para su propia felicidad y para dominarse a sí misma. El odio tiene que desaparecer. El buen karma de una salud magnífica no se puede cosechar en un campo de odio.

Tome una tarjeta *azul* y escriba:

1. Hay que concentrarse en la solución, en lugar de hacerlo en el problema.
2. El odio siempre es perjudicial para la salud.

CASOS CLAROS DE KARMA DE UNA VIDA ANTERIOR

Cualquier problema físico es la elaboración del karma, ya tenga sus raíces en esta vida o en otra anterior. La gran prueba consiste en ver cómo afrontamos el problema.

Tome una tarjeta *azul* y escriba:

Cualquier problema físico es la elaboración del karma enraizado en esta vida o en otra anterior.

Barbara: una personalidad íntegra

Barbara nació con un brazo mucho más corto que el otro. Es una mujer hermosa, con un cuerpo fuerte, delgado, una densa mata de hermoso pelo, encantadores rasgos faciales y un sentido del humor y del estilo muy bien desarrollados. Sólo se necesitan unos pocos minutos para que uno se olvide de su brazo dañado, ya que el resto de su belleza física y espiritual oscurece esa circunstancia. Pero sigue existiendo el hecho de que tiene un brazo derecho deformado.

La madre de Barbara tuvo un embarazo normal, no fumaba ni tomaba alcohol o cafeína; ni siquiera tomaba aspirina. Los padres de Barbara siguen felizmente casados y han tenido otros tres hijos, nacidos sin defectos físicos. De niña, los padres de Barbara la llevaron a todo tipo de médicos y ella se esforzó por someterse a numerosas terapias y tratamientos dolorosos. A la edad de doce años les pidió a sus padres que dejaran de intentar arreglarle el brazo. Decidió encontrar la mejor forma de vivir con el problema.

«Los niños son crueles», me dijo. Se burlaban de ella y eso le dolía mucho, pero se negaba a permitir que nadie destruyera su sentido de la dignidad. Su familia la trataba bien, aunque ella sabía que tenían grandes dificultades para afrontar su imperfección. Su padre se apartó porque no sabía cómo afrontar sus sentimientos de culpabilidad. Su madre nunca la trató como una joven con un problema y, en consecuencia, se negó a reconocer algunos de los problemas a los que se tenía que enfrentar Barbara. Sus hermanos tuvieron diversas reacciones que iban desde la tristeza a los celos. Una hermana tenía la sensación de que Barb obtenía más atención debido a su deformidad. Con el transcurso del tiempo, el ejemplo de Barbara ayudó tanto a sus padres como a sus hermanos. Lo fundamental es que Barbara sabía que no podía alargar la longitud de su extremidad. Lo único que podía hacer era controlar cómo afrontaba el problema.

La ayudé, explicándole cómo los problemas de una vida anterior pueden aparecer en nuestra vida actual. Su deformidad era inexplicable según las circunstancias de su vida actual. Tenía que ser una situación kármica resultante del comportamiento mantenido en una vida anterior. Esta filosofía tenía el más completo sentido para Barbara. Aunque no recordaba sus vidas pasadas, no se sentía engañada o tratada injustamente por la vida. Más bien aceptaba la prueba de su vida actual como el resultado de una acción en una vida anterior. Barbara está prometida con un buen hombre que ni siquiera se da cuenta del defecto de su brazo. Ella estudia historia del arte y ciencias empresariales. Barb bromea acerca de su extraordinaria habilidad para teclear con una sola mano. También es muy consciente de que hay personas que tienen deformidades mucho peores que la suya.

Barbara destaca como un ejemplo deslumbrante de persona que ha aceptado el problema y se ha configurado una vida hermosa a pesar de ello. Configura su futuro en esta vida, al tiempo que sus vidas futuras. Su habilidad para afrontar el problema kármico está equilibrando el karma desequilibrado con el que nació. No renacerá con esa deformidad. Su forma positiva de vivir está creando nuevo karma bueno a cada minuto que pasa.

Luke: únicamente los buenos mueren jóvenes

Luke murió de cáncer durante la redacción de este libro. Era un hombre vitalista, de treinta y dos años de edad, felizmente casado con mi amiga Dee y padre de dos hijos de cinco y casi dos años de edad.

El pasado mes de mayo recibí una llamada de Dee diciéndome que tenía malas noticias que darme. Luke había sufrido de dolores en la espalda. Se había sometido a masajes y había acudido a la consulta de un quiropráctico. Al ver que el dolor persistía, acudió a su médico de cabecera, quien inicialmente creyó que no había razones para alarmarse. Apenas cuatro meses antes Luke había empezado a desempeñar un magnífico trabajo nuevo. Se le había sometido a un meticuloso examen médico para hacerle la póliza del seguro de vida y se le catalogó como perfectamente sano.

Al médico de Luke, sin embargo, le preocupaba su nivel de dolor y ordenó que se le hicieran una serie de pruebas. Los resultados no sólo fueron conmocionantes, sino trágicos. Luke, que no era fumador, había contraído una forma rara de cáncer de pulmón, que se había extendido por todo su cuerpo como un incendio descontrolado. Había tantos tumores repartidos por su cuerpo que era imposible extirparlos sin dejarlo paralizado. El dolor de espalda era el resultado del cáncer, que le presionaba contra la columna vertebral.

¿Cómo podía haber sucedido una cosa así? La vida era buena para esta familia. Recientemente, Luke se había graduado en administración de empresas y estaba encantado con su nuevo puesto en una gran empresa. Dee, una escritora de mucho éxito, esperaba que Luke pudiera pasar más tiempo con la familia, ahora que ya se había graduado.

Dee me comunicó la noticia con una combinación de incredulidad, temor y la firme convicción de luchar por la vida de Luke. Analizamos las opciones de tratamiento. Lawrence me había hablado de un té preparado a base de una planta especial que había ayudado a la gente con tumores. Conseguí algo de ese té para Dee, que corrió a mostrárselo a los médicos de Luke; no tenían problema alguno en administrárselo. (Yo nunca receto ninguna clase de tratamiento médico. Insistí en que Dee se asegurara con el equipo médico de que podía darle el té a Luke.)

Luke tomaba el té tres veces al día, al tiempo que se sometía a sesiones de quimioterapia y radiación. Más tarde, después de su muerte, Dee me dio las gracias por el té.

Le había ayudado a ella y a Luke a tener la sensación de que estaban haciendo algo para promover la salud, a pesar de que los informes médicos no hacían más que empeorar. Se sintió muy desconcertada durante toda esta tragedia. Luke luchó contra la enfermedad con valor, amor y buen humor. Sólo vivió seis meses más después del diagnóstico inicial.

No cabe la menor duda de que esta enfermedad fue un caso claro de karma. Luke había cumplido con su tarea terrenal y era alejado del plano físico. Ahora reside en el mundo espiritual, en un estado de perfecta armonía. Allí estará esperando a Dee, a sus hijos, amigos y familia cuando a cada uno de ellos les llegue el turno de su fallecimiento. Recuerde que residimos en el mundo de los espíritus de ochocientos a mil doscientos años antes de que nuestras almas estén preparadas para renacer en otra encarnación terrenal.

Tal como dijeron los griegos con palabras tan hermosas, «únicamente los buenos mueren jóvenes». No se trataba de una frase deprimente, como ha pensado mucha gente, malinterpretándola. Los griegos creían que la muerte física era el don definitivo para el alma. La muerte era el gran premio, no el premio de consolación.

Dee vive con el recuerdo de la grandeza de alma de su esposo. Se siente muy triste, pero al mismo tiempo está segura de que hizo todo lo humanamente posible por ayudar a Luke a vivir hasta que murió. No sólo es una mujer valerosa, sino un brillante ejemplo de una persona que ha puesto en práctica sus convicciones.

Se me pregunta una y otra vez qué hacer si una situación parece imposible de afrontar.

Tome una tarjeta *azul* y escriba:

Afrontaré la prueba minuto a minuto.

EL KARMA Y LAS ADICCIONES

He tenido muchos clientes que me han dicho que un familiar dejó una adicción, como el tabaco, el alcohol, las drogas o cualquier otro hábito nocivo y luego se murió de una enfermedad relacionada de todos modos con esa misma adicción. Es muy importante comprender que tenemos que dominar cualquier adicción mientras estemos sobre la tierra. Hacerlo así nos libera de tener que renacer con la misma adicción. Una vez dominada la dependencia, nos libramos del mal karma de ese comportamiento abusivo concreto. Ya no tendremos que pasar nunca más por el doloroso proceso del mono. El buen karma se crea en el momento en que se supera la adicción. ¡Y nunca es demasiado tarde!

Una adicción es un hábito compulsivo e incontrolado. Todos luchamos por superar algún tipo de adicción, tanto si es de naturaleza química (drogas, alcohol, cafeína o azúcar), como si se trata de algún otro tipo de compulsión (juego, limpieza, ver la televisión, hacer ejercicio, ir de compras, comer en exceso, Internet o el sexo). Las adicciones de cualquier tipo destruyen el equilibrio de nuestra vida física, emocional y espiritual. Nos roban nuestra libertad. Es terrible cuando «necesitamos» tener algo, en contraposición con decidir participar en ello. ¿Ha observado alguna vez el tormento de una persona que está dejando de fumar, un dolor de cabeza provocado por la ausencia de cafeína o un síntoma de síndrome de abstinencia de una droga, o que lucha contra el impulso de tomarse una copa? Es horrible para la persona que experimenta esa necesidad. Quienes la observan pueden hacer bien poco, excepto apoyarla y mostrarle su comprensión. Crea buen karma el ser amable y firme con alguien que lucha por superar una adicción. Se pueden enviar pensamientos positivos para fortalecer al que sufre y cosechar los beneficios positivos que se derivan de servir a la persona que tiene el problema. Quizá sea difícil distraer a la persona adicta del objeto de su deseo, pero la medicina más amarga es a menudo la más efectiva.

Hay muchas teorías respecto de la raíz de las adicciones. Algunos expertos creen que son heredadas. Sabemos, por ejemplo, que ciertas personas nacen con una dependencia física de las sustancias químicas, transmitidas en el útero desde la madre. También se demuestra que el medio ambiente puede ser un factor importante para formar una personalidad adictiva. Si no se superó una adicción en una vida pasada, nacerá de nuevo con la tendencia a los excesos.

He observado a cientos de clientes con adicciones, derivadas tanto de su estilo de vida como del karma de una vida anterior. Muchas de ellas han mostrado tendencia a afectar a la familia, mientras que otras muchas no lo han hecho así. Conozco a una familia que tiene cinco hijos. Dos de los chicos son alcohólicos y los otros tres no lo son. Su padre bebió un poco cuando sirvió en la Marina, pero nunca se emborrachó. No tiene más deseo que beber de vez en cuando una cerveza. La madre tampoco bebe y quizá tome un par de copas al año en reuniones sociales. Los chicos fueron queridos y los padres hicieron todo lo que estuvo en sus manos para ayudar a los dos hijos alcohólicos a recuperarse. En esta familia no parece haber ninguna base física o psicológica que explique las adicciones. No hay que olvidar nunca que creamos nuevo karma y no sólo que vivimos nuestro karma pasado. Estos chicos desarrollaron su adicción en esta vida y tendrán que luchar para superarla. Eran conocidos como muy aficionados a las fiestas y beber era y todavía sigue siéndolo, un síntoma de inmadurez.

Hasta estos momentos, uno de los hijos se ha mantenido abstemio desde hace cinco años. El otro sabe que tiene un problema, pero no ha encontrado aún la fortaleza para superarlo. Su familia sigue ayudándole, aun siendo consciente de que es él quien debe encontrar la fortaleza para detenerse; nadie puede hacerlo por él. Sé que si continúa tratando de encontrar una forma de dejarlo, finalmente lo conseguirá. La clave es que nunca debemos dejar de luchar para superar cualquier adicción que nos prive de nuestra libertad.

«Cualquier adicción o enfermedad hunde sus raíces en la pasión violenta. Cualquier pasión así, ya sea odio, ira, lujuria, venganza, egoísmo o avaricia, afecta a la constitución de la persona —me dijo Lawrence—. Estas emociones extremas actúan sobre la fuerza vital del cuerpo, haciendo que ésta fluya de una forma caótica. Eso rompe el flujo natural de la energía que promueve la salud. No tenemos que desesperarnos, porque es posible dominar nuestras adicciones y pasiones y vivir con una mayor salud en esta vida y en nuestras vidas siguientes.»

Aunque se necesita una fuerte voluntad y mucha disciplina, podemos aprender a controlar el desequilibrio, obteniendo así la sensación de una mayor salud y energía.

Tome una tarjeta *azul* y escriba:

Si no supero mi adicción en esta vida, naceré con ella en la siguiente.

LA UTILIZACIÓN DE LA VOLUNTAD

A mucha gente se le ha enseñado a creer que una persona puede hacer cualquier cosa que desee, siempre y cuando tenga suficiente voluntad como para conseguirlo. Nada podría estar más lejos de la verdad. Existe la engañosa y habitual ilusión de que la fuerza de voluntad es un sustituto de la habilidad debidamente formada.

Cierto que la voluntad es un factor esencial en cualquier tipo de cambio o recuperación, pero tiene que combinarse con la acción adecuada. Acusar a la gente de no tener fuerza de voluntad para superar una adicción sólo es una crueldad. Tomemos, por ejemplo, el tabaco. Conozco a mucha gente que ha intentado dejar de fumar una y otra vez; mi propia madre murió a consecuencia de temas relacionados con el tabaco. Había intentado dejar de fumar muchas veces, pero no podía. Eso no la hizo débil o mala persona, sino sólo un ser humano con un problema que era incapaz de superar. Podía dejar de fumar durante períodos de tiempo, pero le resultaba demasiado difícil resistirse al impulso de fumar y al cabo de poco volvía a retomar el hábito.

Lo importante es que lo intentaba. Cuando se reencarne, tendrá otras oportunidades de dominar esta adicción. Su cuenta bancaria kármica tendrá una necesidad de dejar de fumar en la columna del déficit. Mi madre renacerá y volverá a dejarse arrastrar por el hábito del tabaco (o por el hábito sustitutivo del «cigarrillo» que exista en la época en que renazca). Volverá a intentar dejar el hábito y, tarde o temprano, ganará la batalla contra su adicción.

Todos los problemas tienen que resolverse mientras vivimos en el mundo físico. Una vez que hemos dominado un hábito destructivo, no tendremos que pasar por el dolor de romper de nuevo con ese hábito en otra vida. Dicho de otro modo más simple, no renaceremos con el deseo de cometer esa clase de excesos.

Todos hemos conocido a personas que nunca han fumado, tomado alcohol en exceso, tomado medicamentos a menos que fuese absolutamente necesario o que hayan sido inmoderadas con la comida, el sexo, las compras o cualquier otro de los habituales comportamientos excesivos. Eso no quiere decir que sean «mejores» que los demás. Indica, simplemente, que ya superaron sus adicciones individuales en otra vida, o que tienen otros problemas que afrontar.

Es cierto que mi madre habría podido vivir más años si no hubiera seguido fumando. Cuando se estaba muriendo, Lawrence me dijo que su hábito no provenía de una vida pasada. Se había iniciado debido a las tensiones de esta vida.

Yo misma soy testigo de la dificultad de dejar de fumar. Necesité por lo menos de siete intentos para derrotar al dragón de la nicotina. Me complace decir que dejé el hábito hace casi veinte años y que ahora ya no experimento nunca el deseo de fumar. Fumé porque era muy sensible y el tabaco parecía calmarme y tranquilizarme. Desde un punto de vista retrospectivo, ahora sé que no era esa la mejor forma de afrontar mi sensibilidad. (Estoy segura de que mi hábito no procedía tampoco de una vida pasada. He leído mis registros akáshicos y no había fumado en ninguna encarnación anterior.)

Fue extremadamente duro al principio pero, como sucede con todas las cosas difíciles, se hizo cada vez más fácil a medida que transcurría el tiempo. Incluyo esto aquí porque cuando nos hallamos bajo el control de una adicción, nos parece imposible dejarla. Del mismo modo, también nos parece imposible imaginar el futuro sin nuestros «amigos» los cigarrillos, las drogas, el alcohol o los alimentos poco saludables.

«No sea negativa. No hay la menor oportunidad de romper con los malos hábitos a menos que sea positiva, productiva y amable consigo misma y con los demás. Tiene que sentir el deseo de dejar algo con todas sus fuerzas, ya que en caso contrario casi no hay posibilidades de dejarlo. Eso supone, ciertamente, la utilización de la voluntad. De modo que, sí, la voluntad se puede fortalecer y ese poder nos ayuda mucho a luchar para controlar nuestras adicciones», me recalcó Lawrence.

No siempre podemos reconocer una adicción si antes no efectuamos una cierta introspección. Por ejemplo, algunas personas creen que el hecho de tomar alcohol habitualmente no es una adicción, porque sólo toman una cerveza y vino, y no licores fuertes. Ignoran que se emborrachan continuamente y provocan un dolor a sí mismos y a sus seres queridos. Otros quizá crean no tener un problema de drogadicción porque «sólo» fuman hierba... cada día. No consumen heroína o cocaína, pero consumen hierba y eso es ilegal. La hierba es una droga que los mantiene en una nebulosa, incapaces de tener la energía necesaria para realizar sus sueños. No pueden dejar de fumarla. No pueden o no quieren admitir, de ningún modo, su adicción.

Tome el diario de *El poder del karma*:

1. Anote cualquier tendencia en la que pueda haber caído en relación con cosas adictivas, como alcohol, drogas, comida, sexo, tabaco, juego, la necesidad de controlar, etcétera.

2. Durante siete días, anote cada día cómo se ve afectada su vida por esos problemas. Sea sincero. Unas pocas frases al final de la jornada le indicarán si tiene el control sobre sí mismo o no. (Si está demasiado colgado, mareado o tose demasiado como para sostener el bolígrafo con el que escribir, puede dar por seguro que está muy desequilibrado.)

3. El octavo día, lea lo que ha escrito durante la semana que acaba de transcurrir. ¿Observa alguna pauta que le llame la atención? Debería estar claro si tiene una adicción. Resulta interesante observar que la mayoría de la gente tiene alguna forma de adicción.

4. Hágase una lista de lo que le gustaría dejar de hacer. Ahora debería estar preparado para decidir cuál es la adicción más importante que desea superar en este momento de su vida. ¡Subráyela! No intente obligarse a sí mismo a afrontar más de un solo desafío a la vez. Si se pone las cosas demasiado difíciles, ya desde el principio, terminará derrotándose a sí mismo. En este preciso momento debe empezar a actuar de acuerdo con su decisión.

Siete es el número conocido como la fuente de todo cambio. En este ejercicio, siete días deberían ser el período de tiempo que necesita para afrontar el hecho de que tiene un problema.

Tome dos tarjetas *azules* y escriba:

1. La fuerza de voluntad está en mi habilidad individual para dirigirla.

2. Me concentraré cada día en mi objetivo y lucharé por alcanzarlo.

Tiene que establecer un compromiso personal para superar cualquier adicción. Hay mucha formas de superar adicciones. Quizá necesite ayuda médica para el período de retirada de ciertas sustancias. Una retirada brusca de ciertos narcóticos puede ser muy contraproducente si las sustancias tóxicas no se eliminan de la forma adecuada. Mientras lucha por recuperar su libertad, es fundamental contar con un grupo de apoyo o un buen amigo prudente, así como contar con una firme resolución. Al afrontar el hecho de que tiene una adicción, debe desprenderse de su ego y ser humilde. Recuerde que vinculamos nuestras vidas pasadas con el presente y el presente con el futuro. El buen karma cosechado al desembarazarse de cualquier adicción se transmite de una vida a otra.

Nuestro objetivo último es el de saborear el resto de esta vida y de nuestras vidas siguientes. Tenemos que ser objetivos y examinar nuestros rasgos buenos y malos, sin interponer ningún filtro. Al principio será difícil, pero día a día, poco a poco, las cosas se irán poniendo más fáciles. No desespere. Si falla en sus primeros intentos, recupérese y empiece de nuevo. Ganará la batalla si mantiene su tenacidad. Piense en todo el karma bueno que adquirirá una vez que se haya liberado.

Tome una tarjeta *azul* y escriba:

Mi objetivo último es vivir de modo que pueda saborear esta vida
y las siguientes como una persona mejor.

EL KARMA Y LOS HIDRATOS DE CARBONO

Quizá le sorprenda saber que tres de cada diez clientes me preguntan si puedo predecir cuándo perderán peso. También me preguntan si es su karma el que nunca lleguen a estar delgados. Algunas personas hacen estas preguntas medio en broma, pero otras las plantean muy seriamente. He escuchado las preocupaciones desgarradoras de gente que forcejea con su deseo de perder los cinco kilos que no desean y que se sienten desesperado ante la perspectiva de ser peligrosamente obesos. Vivimos en una sociedad caracterizada por el sobrepeso y, al mismo tiempo, obsesionada por la dieta y el ejercicio. Eso constituye para muchos un ciclo vicioso, que va de perder a ganar peso, para finalmente abandonar todo esfuerzo.

La gente puede ser muy poco amable con el peso de los demás. En la escuela, los niños llaman «gordo» o «cerdo» a sus compañeros más gruesos. Estos insultos afectan a la gente durante el resto de sus vidas y pueden derivar hacia un bajo nivel de autoestima, depresión y diversos trastornos alimenticios. Los adultos también pueden ser brutales, negándose incluso a contratar a una persona gruesa, contando chistes crueles o, simplemente, actuando como si la gente con exceso de peso no existiera.

Cada persona que no tiene un problema de peso debería ser amable con quienes sí lo tienen. Algunas de estas últimas tienen un problema kármico con el peso, porque abusaron de sus cuerpos en una vida anterior o porque no fueron amables con quienes no eran delgados. Eso es un bumerán.

No todo problema de peso procede de los excesos o de comer alimentos erróneos. La predisposición hacia un cierto tipo de cuerpo y de metabolismo puede ser kármica. Se puede nacer con problemas de salud capaces de afectar al peso, como la diabetes, o con problemas articulares que hagan difícil la práctica del ejercicio. Pero si desea perder peso, tanto si tiene un problema kármico como si no, sería prudente dejar de encontrar excusas para su falta de autodisciplina. Resalto esto porque crea un mal karma el hecho de quejarse por algo que uno mismo *puede* controlar.

La gente *tiene* la posibilidad de reconfigurar sus cuerpos físicos. Quizá resulte difícil, pero ¿dónde se encuentra algo valioso que se consiga con facilidad? Seguir una dieta puede suponer una gran dificultad. El ejercicio puede ser una tortura, a menos que se cambie el punto de vista desde uno de privación a otro de integración. Cuando nos sentimos privados de algo, el resultado es la ira y la autocompasión. La integración, por el contrario, significa que la alegría que obtenemos de alcanzar nuestro objetivo sustituye cualquier otro sentimiento negativo. Nos sentimos felices de hacer lo que tenemos que hacer para realizar nuestros sueños. Entonces resulta fácil dejar de hacer las cosas que nos hacen sentir desgraciados.

Tome una tarjeta *azul* y escriba:

Cambiaré mi punto de vista desde uno de privación a otro de integración.

El conflicto kármico de David

Veamos un ejemplo de una razón kármica equivocada para la obesidad. Cuando conocí a David, pesaba ciento cincuenta kilos y raras veces salía de su apartamento. En realidad, se hallaba tan desesperado que eso fue lo que le hizo venir a verme. Su nivel de autoestima era nulo y se sentía gravemente deprimido.

—David, veo que tiene usted un gran talento como pintor —fueron las primeras palabras que le dije.

—¿Cómo ha podido saberlo? —me replicó, sorprendido.

—¿Acaso no ha venido hoy a verme porque está interesado en mi habilidad psíquica para ver cosas que no me haya dicho? —le pregunté con una sonrisa.

—Sí, esa es exactamente la razón por la que estoy aquí —admitió—. ¿Puedo hacerle una pregunta?

—Desde luego, estoy aquí para ayudar en lo que pueda. Cada persona tiene muchos temas que afrontar. No es posible ocuparse de todo en una sola sesión. Quisiera abordar primero los temas que sean más importantes para usted, David, —le expliqué.

—¿Por qué es mi karma el no perder nunca peso? Cada mañana, al despertarme, me digo que seguiré una dieta. Las cosas me van bien durante tres o cuatro días. En realidad, casi me mato de hambre, pero luego me desmorono y como todo lo que encuentro a la vista. Después de haberlo hecho así, me siento tan deprimido que no hago sino comer cada vez más. —Empezó a llorar.

—David, ¿puede decirme por qué está tan enojado con su madre? —le pregunté.

Me miró a través de las lágrimas y contestó:

—La odio. Siempre me decía lo gordo que estaba y que se sentía avergonzada de verme así. Vigilaba todo lo que me llevaba a la boca y me gritaba si comía algo que a ella le parecía que podía engordarme. Yo no estaba tan gordo en aquel entonces, pero mi madre estaba obsesionada con la delgadez. No creo que pesara nunca más de cincuenta y cinco kilos y medía un metro sesenta y cinco. Me convertí en un experto en comer a hurtadillas.

—David, su karma no es el de estar delgado. Su karma es el de tener la madre que tiene. No confunda el karma —le dije con una sonrisa.

—¿No cree que elegí a mi madre a propósito? —me preguntó con un tono de voz conmocionado.

—David, en el proceso del nacimiento nada ocurre por azar. Tenemos los padres que tenemos debido a nuestras conexiones de nuestra vida anterior. Es posible que, en una vida anterior, tratara usted a su madre tal como ella le trata ahora en esta. Hamlet dijo: «En el cielo y en la tierra, Horacio, hay muchas más cosas de las que se sueñan en tu filosofía».

—¿Quiere decir que las cosas nunca son lo que parecen? —preguntó David.

—Precisamente —le contesté—. No estoy diciendo que el comportamiento de su madre sea correcto, pero usted necesita desprenderse del pasado. Ella ya no tiene ningún poder sobre usted. Ahora es usted quien controla todo lo que se lleve a la boca. Me doy cuenta de que intenta vengarse de su madre comiendo en exceso, pero con eso únicamente se hace daño a sí mismo. No despilfarre sus sagradas energías manteniendo el enfado con su madre. Esa energía podría utilizarse de formas positivas.

—¿Qué clase de formas? —preguntó con un sobresalto.

—Podría matar dos pájaros de un tiro. Podría perder peso y, al mismo tiempo, darle al mundo la oportunidad de disfrutar de su arte. —Hice una pausa para permitirle que respondiera. Permaneció sentado en silencio, como si estuviera en estado de contemplación. Esperé un minuto y finalmente añadí–: David, resulta más fácil dejar de comer en exceso que seguir viviendo en la prisión que se ha impuesto a sí mismo.

—¿Ve usted realmente que puedo perder peso y convertirme en un artista de éxito? ¿Cómo empezar de nuevo? Siempre fracaso —dijo con un matiz de autocompasión.

—David, creo que es usted una magnífica persona y un artista de mucho talento. Se le ha sometido a la prueba kármica de tratar con una madre difícil. La mayoría de las personas están convencidas de que sus madres son difíciles, de una u otra forma. Piense en las cosas buenas que hay en su vida y eso le ayudará a iniciar un nuevo programa que le conduzca hacia la salud y la armonía. Empiece por pequeños pasos. Nadie puede matarse de hambre durante tres días y dejar de reaccionar con exceso comiendo demasiado. Eso es, simplemente, demasiado duro. Habitualmente, aprendemos a caminar antes de echar a correr, ¿no le parece?

Hablamos más sobre su madre.

—En realidad, no la odio, pero me siento muy enojado con ella. Me ayuda oírle decir que ella y yo tuvimos karma en una vida anterior. Nunca comprendí por qué fue tan dura conmigo. No había en esta vida nada que pudiera explicar su comportamiento. Era siempre tan amable con los demás y nunca le gritó a mi padre. Eso me da algo con lo que alimentar mis pensamientos —añadió.

—Puede alimentar sus pensamientos con tanta energía positiva como pueda darles. Pero deje de echarle la culpa al karma de su actual falta de disciplina —le dije con buen humor.

David acordó comprar un diario *El poder del karma* y llevar un registro de los alimentos que ingería. También le dije que empezara a realizar un programa de caminatas, de cuarenta minutos andando despacio tres días a la semana. Podía aumentar esa cantidad de ejercicio cuando tuviera la sensación de que empezaba a disfrutarlo. También tenía que anotar lo que andaba en apoyo de su nueva dieta, tanto física como mental. Pero lo primero que debía hacer era someterse a un chequeo médico.

Le dije que, para bajar de peso y mantenerse así, necesitaría tener mucha paciencia y un alto grado de compromiso, además de aprender a amarse a sí mismo. Y también tendría que encontrar comprensión para perdonar a su madre. Esas virtudes podría aprenderlas viviendo la vida momento a momento. Un año después de nuestro primer encuentro, David me llamó. Había perdido treinta kilos de peso y se sentía como una persona nueva.

Su madre todavía le enojaba a veces, pero ahora él no permitía que esos sentimientos negativos interfirieran con su vida. De vez en cuando, cometía un desliz y comía demasiado, por razones equivocadas. Aceptaba esos traspiés y lograba volver rápidamente al buen camino.

—Tengo un cuadro que me gustaría enviarle —me dijo—. El trabajo me va estupendamente y me encanta pintar de nuevo.

Después de colgar el teléfono, pensé: «Finalmente, se ha liberado de la idea errónea del karma». David había asumido la responsabilidad por sus propias acciones y disfrutaba de la vida minuto a minuto. Había aprendido que aunque nacemos en nuestras familias debido al karma de una vida anterior, tenemos la libertad para elegir cómo abordarlas en el momento presente. Ahora, llevaría consigo ese conocimiento durante el resto de su vida y lo transmitiría a sus vidas siguientes. Descubriría que había equilibrado el karma con su madre y que ya no tendría que volver a afrontar ese tipo de trauma. Su llamada hizo que aquel fuese un día feliz para mí.

Esparta

Un día, Lawrence me habló de la perfección. «El excesivo énfasis moderno que se pone en la perfección física está relacionado directamente con el hecho de que en la actualidad hay muchas personas que en otro tiempo vivieron en la antigua Esparta. No todas las ciudades griegas tuvieron las mismas filosofías de la vida. Esparta fue en parte como una especie de gimnasio y en parte como un campo de entrenamiento para el combate cuerpo a cuerpo. Los ciudadanos se estaban entrenando continuamente. Toda la visión social estaba configurada por la reproducción y la educación de una raza fuerte y hermosa. A los niños deformes se les daba muerte. De una esposa se esperaba no sólo que produjese atletas, sino que cuidara sus propios músculos y compitiera también en los deportes. La mayor parte de las vidas de los espartanos se dedicaba a conseguir tener unos cuerpos perfectos. Ser el hombre más hermoso de Esparta era la culminación del éxtasis humano. Un criminal podía salvar la vida si era hermoso. Acabar con la vida de una criatura así se habría considerado como pecaminoso. Sólo hay que pensar en la cantidad de estatuas que todavía quedan de este período de la historia, cada una de ellas glorificando la perfección del cuerpo masculino desnudo.»

Mientras pensaba en las palabras de Lawrence, aquello cobraba un completo sentido para mí. Las maratones, la proliferación de gimnasios, los balnearios, los ejercicios para configurar y esculpir el cuerpo, el boxeo y los Juegos Olímpicos hacían que en nuestro mundo moderno hubieran sin duda paralelismos con la antigua Esparta. La mayoría de las decisiones relativas a la moda actual las tomas unos diseñadores cargados de prejuicios contra la forma femenina. Las mujeres intentan parecer muchachos jóvenes o atletas para encajar en las modas actuales. Y a la gente que no está en buena forma física se la trata en muchos casos como marginados sociales, a pesar de que una de cada tres personas tiene exceso de peso. La desnudez aparece por todas partes, en las películas, las revistas, la televisión, Internet.

—¿En qué piensa? —me interrumpió Lawrence.

—Siempre me señala percepciones y razones extraordinarias para explicar muchas cosas. Pero ¿acaso no es esa una visión bastante unilateral de los griegos? En el pasado me ha hablado del estilo de vida ateniense y era muy diferente —le dije.

—Hija mía, no todas las ciudades son iguales. Sería como comparar la ciudad de Nueva York con Boston. Atenas y Esparta tenían muchas diferencias sociales. Los atenienses tenían hábitos gimnásticos, ya que respetaban un cuerpo saludable, pero no en la misma medida exagerada que los espartanos. Los atenienses también dedicaban buena parte de su tiempo de ocio a escuchar a filósofos como Platón. Poseían un mayor equilibrio.

Ame su cuerpo como el instrumento divino que aloja el alma. Eso le impedirá sentirse agobiada por sentimientos de desesperación cuando su cuerpo no sea perfecto. Dedicamos demasiado tiempo a pensar en perder peso. ¿Qué hay que tomar? ¿Alto contenido en proteínas, nada de hidratos de carbono, sólo hidratos de carbono, muchos líquidos, contar las calorías, nada de grasa, seguir una dieta sin azúcar, comer únicamente fruta? Debe comprender que todo este excesivo énfasis en lo físico causará un efecto bumerán. No debe obsesionarse con su cuerpo, sino acercarse elegantemente al modo adecuado de dieta y ejercicio. Le garantizo que nunca conseguirá perder peso y mantener el peso adecuado si continúa obsesionándose por el tema. También creará un mal karma al vivir en un estado constante de negatividad.

Obsesionarse con la forma del cuerpo físico únicamente conduce a la depresión, la desesperación y la falta de armonía. Los espartanos llevaban un estilo de vida «espartano»: comían bien y moderadamente y vivían frugalmente. Aunque obsesionados con sus cuerpos, su estilo de vida no fomentaba los trastornos alimentarios. La anorexia, la bulimia, el picar entre comidas y el ejercicio excesivo son síntomas de una vida inmoderada. Un cuerpo sano se logra mediante una combinación de alimentación, movimiento y pensamiento adecuados. Se necesita autodisciplina para alcanzar cualquiera de los objetivos que se proponga, ya sean de peso o de otro tipo. Pero todo tiene que empezar con un punto de vista apropiado.

Helen cambia su cuerpo y su punto de vista

Una clienta llamada Helen acudió a verme por tercera vez. Su sesión anterior había tenido lugar un año antes. Tardé un poco en reconocerla. Había adelgazado quince kilos, vestía con elegancia y desprendía el aura de una mujer feliz.

—Helen, tiene un aspecto magnífico. No se lo tome a mal, pero parece una persona diferente —le comenté.

—¿Recuerda la última vez que estuve aquí? —me preguntó.

—Recuerdo que se quejaba de su incapacidad para perder peso. Se sentía deprimida, tenía sentimientos negativos y se enojó conmigo —contesté.

—Me dijo que dejara de tener lástima de mí misma, porque no tenía ningún problema que no se pudiera resolver —me recordó con una risa.

—Pues parece que siguió el consejo —asentí.

—Aquel día me marché de su consulta con la sensación de que había sido usted insensible a mis necesidades. Resaltó que tenía que cambiar mi punto de vista para cambiar cualquier parte de mi vida, de mi cuerpo o lo que fuese. Me dijo que cada mañana, al levantarme, dedicara unos pocos minutos a pensar en todas las cosas por las que podía sentirme agradecida. Reiteró que debía dejar de quejarme por cosas que no estaba en mi mano cambiar ya que, con mi falta de gratitud, atraía sobre mí verdaderos problemas. Ese consejo me pareció rancio y no lo suficientemente psíquico, a pesar de lo cual algo me impulsó a intentarlo —dijo con una sonrisa.

—Helen, ¿esperaba acaso que le dijera que encendiese una vela, llevara un collar de cuentas de cristal o comprara una alfombra mágica? —repliqué en broma.

—Algo parecido —admitió.

Helen había trabajado duro para transformar sus pensamientos desde la autocompasión a otros cargados con acción positiva. Con lentitud, pero con seguridad, su vida empezó a cambiar paulatinamente. Hasta entonces, seguir una dieta siempre le había resultado muy difícil, pero esta vez, después de unos pocos meses, ya no lo fue. Helen empezó a pensar qué podía hacer para cuidar de su cuerpo, en lugar de sentirse constantemente enojada por tener que reducir los alimentos que le producían un exceso de peso. Cada mañana dedicaba unos minutos importantes a reflexionar sobre las razones por las que debía sentirse agradecida.

No era únicamente la pérdida de peso de Helen lo más evidente; también se trataba de la negatividad que despedía; eso fue lo que provocó la mayor diferencia en su aspecto. Ese día, antes de marcharse, prometió seguir manteniendo en forma su punto de vista. «La gratitud es algo mágico», dijo Helen cuando la acompañaba al ascensor.

—Lo ha comprendido muy bien, Helen —añadí, cuando ya se cerraban las puertas del ascensor.

Lawrence y yo mantuvimos una prolongada charla sobre la autodisciplina.

—Lawrence —le pregunté—, puesto que la autodisciplina no le sale de modo natural a la mayoría de la gente, ¿puede sugerirme formas de hacerla más fácil? Tengo algunos problemas con el concepto de disciplina, porque implica una imposición forzada. La verdadera integración no exige el empleo de la fuerza, porque se desea hacer lo que sea necesario para alcanzar el objetivo deseado.

Lawrence se arrellanó en su asiento y sonrió.

—Hija mía, ¡habla tan seriamente! —exclamó.

No tuve más remedio que reírme de mí misma. Tenía razón. Me relajé y lo escuché.

—Toda gran empresa exige disciplina. Un gran músico o artista lleva una vida de una extraordinaria disciplina. Pero ¡fíjese en los resultados! ¿Por qué habría de ser diferente para alguien que desea crear el cuerpo que le encantaría tener?

»A menudo, la gente se rebela contra cualquier tipo de disciplina, porque eso le recuerda su infancia. En aquellas ocasiones, se vieron obligados a hacer sus deberes, o quizás a comer las verduras, cuando habrían preferido jugar o comer dulces. Sentían que se les ponían límites a su libertad. Así de simple, pero cierto.

»Muchas personas son como niños que viven en cuerpos de adultos. Considérelo del siguiente modo: si sólo estuviera acostumbrada a comer dulces, tendría que utilizar la disciplina durante un tiempo para seguir una dieta equilibrada. A su debido tiempo, a medida que cambiaran sus gustos y dispusiera de más energía, dejaría de anhelar los alimentos que no fuesen buenos para usted. Preferiría automáticamente unos alimentos buenos y saludables. La disciplina le habría servido bien en este caso y le habría permitido llegar a ser una persona integrada. Eso es aquello por lo que se esfuerza. Cuando eso sucede, se es libre. Ha dejado de estar presente el deseo de comer alimentos que engordan. Con la verdadera integración no hay necesidad de emplear la fuerza.

»La disciplina no debería equipararse nunca con el perfeccionismo. Simplemente, limítese a hacer las cosas lo mejor que pueda y a sentirse satisfecha por desarrollarse a su propio ritmo. No se enoje consigo misma cada vez que empiece a dirigirse hacia un objetivo y no logre cumplir con sus propias expectativas. Acepte sus errores y deficiencias con gratitud, ya que le proporcionan la oportunidad de aprender de ellas. Angustiarse por las propias deficiencias es una forma de negatividad y creará mal karma. Seguramente habrá oído decir a alguien que la "autocompasión apesta". Pues es cierto. Despréndase de ella y siga adelante.»

Permanecimos sentados en silencio, hasta que Lawrence volvió a hablar.

—La vida es una serie de rupturas de malos hábitos. A los hábitos les cuesta desaparecer. Los destructivos tienen que ser sustituidos por otros constructivos. Si elimina un viejo hábito sin sustituirlo por otro nuevo y bueno, experimentará un vacío, como un hueco allí donde antes estaba el viejo hábito. La gente tiene que mirar con expectación el objetivo deseado, con alegría y entusiasmo y no como si llevara una piedra colgada del cuello. Todo empieza y termina con amor. Ame el ser la mejor persona que sea capaz de ser. Disfrute del viaje y no sólo del destino al que se dirige.

He aquí algunas herramientas útiles que le ayudarán a conseguir la forma física que desea alcanzar. Tome su diario de *El poder del karma* y anótelas en él.

1. Anote todo lo que coma, por pequeño que sea.
2. Prométase a sí mismo que lo hará así cada día, durante cuarenta días. Recuerde que el número cuarenta tiene una potente fuerza psíquica. Es el número de la culminación.

3. Examine la lista para determinar por qué su cuerpo no está en equilibrio.
4. Decida seguir durante cuarenta días una dieta saludable y baja en calorías. Una vez más, anótelo todo. Podrá comprobar el cambio que se produce, tanto en su diario como en el espejo.

4. Karma y sexo

El sexo es una potente fuerza de la naturaleza. Puede ser una fuerza creadora o destructora. El sexo no es únicamente un instinto físico, sino también complejo, místico y profundamente enigmático. Crea vida, expresa amor y tiene capacidad para encender la belleza y la creatividad. El sexo puede expresar la más pura unión espiritual entre dos almas. El resultado de esta unión es una sensación de conexión entre dos personas que tienen la sensación de ser una sola.

A través del acto sexual mucha gente intenta renovar su conexión con la fuerza de Dios, con el yo más elevado que existe en cada uno de nosotros. La vida está siendo tan abiertamente consumida por las necesidades físicas de la existencia cotidiana, que nos hemos olvidado de lo espiritual. A menudo nos sentimos perdidos, vacíos y solos. Gracias a este sentimiento poderoso e inmediato de unión total con otra persona, experimentamos una cantidad anormal de conexión que nos aproxima con nuestro olvidado sentido de unidad con la fuerza de Dios.

El sexo, como liberación de nuestras sensaciones de separación, es maravilloso si existe amor y confianza. El sexo puede ser un excelente maestro. Podemos aprender a amar a un nivel íntimo y espiritual. Se necesita consideración, sensibilidad y paciencia para desarrollar una relación sexual equilibrada. Por otro lado, cuando se utiliza el sexo para explotar, manipular, controlar, aterrorizar o por una pura gratificación egoísta, el resultado es a menudo la desconexión, la ira, la soledad y la desesperación. También puede situarnos en estados de enfermedad potencialmente amenazadores para la vida.

El sexo puede ser una trampa. Muchas personas se vuelven irracionales cuando se sienten intensa y sexualmente atraídas por alguien. Se puede intentar advertirles de que se tomen más tiempo, pero esas advertencias suelen encontrar oídos sordos. ¿Acaso no es razonable que mientras no se encuentre a la persona correcta, alguien que haya puesto a prueba y demostrado su carácter, deberíamos esperar? Eso es algo de sentido común, pero el buen juicio se deja de lado cuando alguien se siente arrebatado por la atracción hacia otra persona.

CON EL JUICIO TRASTORNADO

Jill acudió a verme en un estado que rayaba en la histeria. Estaba enamorada de Tim y era incapaz de pensar en ninguna otra cosa que no fuese su amado. No obstante, había unos pocos problemas: Jill estaba casada y Tim tenía esposa. Cada uno de ellos tenía dos hijos. Pero Jill no hacía más que repetir:

—Nunca había tenido unas relaciones sexuales como con él. Es algo increíble. Tim y yo estamos locos el uno por el otro. Estamos locamente enamorados. No puedo comer ni dormir. Sólo vivo para los momentos en que podemos estar juntos.

—Jill, ¿cómo se sentiría si descubriese que su esposo mantenía unas ardientes relaciones extramatrimoniales? —le pregunté.

—Me sentiría muy mal, pero ¿qué podría hacer? Esto ha sucedido entre Tim y yo. No lo andábamos buscando. Debe de ser nuestro karma —replicó.

—Jill, todo es karma —le expliqué—. Por lo visto, está convencida de que su relación con Tim es algo a lo que ambos estaban predestinados.

106

—¿No lo estábamos? —preguntó.

—No, estaban destinados a ser sometidos a prueba —le contesté—. En medio de nuestros deseos había y hay libre albedrío. Es humano que ambos se sintieran atraídos el uno por el otro, pero fueron ustedes los que decidieron actuar de acuerdo con esa atracción. No malinterprete el karma ni achaque al destino lo que no es sino una decisión personal suya de mantener una aventura con Tim.

—No es una aventura —espetó Jill.

—¿Cómo la definiría en estos momentos? —le pregunté—. Usted y él se conocen desde hace menos de un mes y han tenido relaciones sexuales tres veces.

—¿Cómo sabe usted eso? —me replicó de mala gana. Guardó un momento de silencio, antes de hablar con más educación—. Se me olvidó que estaba hablando con una vidente. Pero el término «aventura» no expresa nuestro amor.

—¿Se sentiría mejor si lo calificara como una aventura del corazón? —le pregunté.

—Hay algo muy espiritual entre nosotros —añadió.

—Jill, me temo que su pasión le ha obnubilado el buen juicio. La pasión puede ser espiritual cuando se combina con el respeto y el conocimiento del carácter del otro. Y para crear ese tipo de relación se necesita tiempo. Sencillamente, ustedes no han tenido tiempo suficiente para conocerse bien. Y deben pensar en cómo puede afectar su comportamiento sobre otras personas.

Miré a Jill y vi que habría muchos problemas inmediatos si ella continuaba por aquel camino. Su esposo lo descubriría, se divorciaría y lucharía con ella para obtener la custodia de los niños. Tim no abandonaría a su esposa y ella lamentaría mucho no haber manejado las cosas de modo diferente. Intenté decirle todo eso de la manera más amable posible. Pero no me hizo el menor caso. Jill se enojó conmigo y protestó:

—Tiene que estar equivocada. Esto es verdadero amor y no podemos controlarnos.

Le dije que aún tenía tiempo de evitar el problema que surgiría de toda aquella confusión. Debía dejar de ver a Tim hasta que ambos se hubiesen separado de sus respectivos cónyuges. Eso era algo que podía hacerse con dignidad e integridad. El tiempo diría si estaban destinados el uno para el otro. «¿Está loca? —me espetó Jill—. ¿Y si él encuentra a otra mientras yo trato de hacer las cosas más lentamente?»

—Creí haberla oído decir que se trataba de verdadero amor. ¿No estará confundiendo el amor con el placer? —le pregunté.

—¡No! —contestó secamente.

Saqué a relucir el karma entre Jill y su esposo y Tim y su esposa. Ella no quería oírme hablar de responsabilidad personal. «Jill, ¿qué quiere que haga? ¿Mentirle? Acudió a verme para conocer mi lectura psíquica de la situación. Le he dicho lo que veo que va a suceder y quisiera hacerla comprender que no es usted ninguna víctima del destino. Hay decisiones que se pueden tomar y gracias a las cuales se podrá alcanzar un mejor resultado. ¿Es que no puede imaginar la totalidad del cuadro? Nunca será feliz si hace sufrir innecesariamente a los demás debido a su egoísmo. Es posible que dos personas se enamoren cuando no son libres. Pero el verdadero amor no se desvanece porque dos personas actúen con responsabilidad y respeto hacia las otras partes implicadas. Por otro lado, la atracción sexual puede desaparecer tan rápidamente como se inició si no se halla enraizada en una relación estable.»

—¿Qué quiere decir con eso de «estable»? —preguntó Jill.

—Un viejo refrán chino dice: «No juzgues la casa por su pintura» —le contesté.

—No lo entiendo.

—Es posible que la casa tenga un exterior magnífico, pero que sus cimientos no sean sólidos. Una persona sensata dedicaría algún tiempo a examinar la totalidad de la casa, antes de comprarla. Una persona estúpida diría que no le importa nada que no sea inmediatamente visible. Le encanta la pintura de la casa, así que la compra sin investigar más. El tiempo pone de manifiesto que la casa tenía muchos problemas. A las personas, como a las casas, se les debe dar una oportunidad para demostrar su solidez y para eso se necesita tiempo.

Jill empezó a llorar y dijo:

—¿Por qué no puedo disfrutar de un poco de diversión? Trabajo duro y me ocupo de la casa y de los niños. Me encanta tener relaciones sexuales con Tim y él me ama. Nunca he tenido unas relaciones sexuales tan magníficas con mi marido. No sabía lo desdichada que era hasta que conocí a Tim.

—¿Le parece una diversión engañar a su esposo y a la mujer de Tim? ¿Es que no puede quitarse las gafas de color de rosa de los ojos y darse cuenta de que tiene que comportarse en armonía con la ley del karma si no quiere que las cosas se vuelvan contra usted como un bumerán?

—¿Qué quiere decir? —preguntó Jill entre lágrimas.

Le cité lo que Lawrence me había dicho: «Resulta fácil ser amables y dulces con nuestros compañeros y compañeras mientras estamos enamorados. Las personas capaces de enamorarse de otro y seguir actuando de una forma amorosa y respetuosa con su pareja, han aprendido a comportarse en armonía con la ley del karma».

—Jill, las cosas son muy sencillas. De todo esto se puede aprender una lección. Se ahorrará muchos quebraderos de cabeza si asume sus responsabilidades en el hogar y luego ve cómo funcionan las cosas con Tim. Sé que cree estar enamorada y eso es algo abrumador y desequilibrador. No destruya ninguna felicidad futura por permitir que una pasión sexual arrolle todo su buen juicio.

Respiré profundamente y miré a Jill. Seguía teniendo el juicio trastornado. Estaba mentalmente fuera de sí debido a su deseo por Tim. Pero, para afrontar esta situación, tenía que ejercer su libre albedrío. Yo había hecho todo lo que creía poder hacer para ayudarla a evitar la tragedia. Jill cosecharía buen karma si actuaba con integridad y amabilidad hacia todas las partes implicadas. Eso sería difícil en su estado actual; incluso casi imposible. En el caso de actuar guiándose únicamente por su deseo de una gratificación inmediata, sembraría el mal karma que resultara del egoísmo, del comportamiento irresponsable. Sólo el tiempo lo diría.

Jill regresó a verme pocos meses más tarde. Tenía un aspecto horrible. Las primeras palabras que pronunció fueron: «Imagino que me va a decir: "Ya se lo advertí"».

—Mire, Jill —le dije—, no soy su madre ni su conciencia. ¿Acaso cree que me gusta ver a la gente sentirse desgraciada y deprimida? Intenté advertirle que se dirigía directamente hacia el desastre. Después de eso, de usted depende el vivir su vida como mejor le parezca.

Jill se disculpó y me aseguró que no estaba enfadada conmigo, sino consigo misma. Me contó lo ocurrido desde la última vez que nos vimos. Su esposo lo había descubierto todo. Se dio cuenta de que ella actuaba de una forma rara, como si ocultara algo. Le preguntó si estaba teniendo una aventura y Jill lo negó enfáticamente. Pero él no la creyó, contrató a un detective privado y la hizo seguir.

El detective sabía la cantidad exacta de tiempo que Jill había pasado con Tim y los hoteles donde habían estado. Esos detalles, más las fotografías de Tim y Jill entrando y saliendo de los hoteles, le fueron entregados a su esposo, que no le dijo nada de lo que sabía y dejó que las cosas siguieran su curso durante un mes, hasta que finalmente la confrontó con pruebas irrefutables.

Conmocionada ante la evidencia, ella no pudo hacer otra cosa que admitirlo todo. Su esposo se puso furioso y la insultó de todas las maneras posibles. Los niños estaban en casa y oyeron discutir a sus padres. Jill empezó a llorar, sin dejar de decirle a su esposo que lo lamentaba mucho, pero que estaba enamorada. A continuación, el marido llamó a la esposa de Tim y se lo contó todo. Ella no tenía ni la menor idea de que su marido tenía una aventura y posteriormente sufrió un colapso nervioso. El esposo de Jill recogería el mal karma por este acto de venganza. Dos errores nunca suman un acierto. Jamás debería haber llamado a la esposa de Tim, impulsado por su ira.

Tim le dijo a Jill que no quería volver a verla porque eso suponía «demasiados problemas». Se negó a verla, a contestar a sus llamadas telefónicas o sus correos electrónicos. Uno de los colaboradores de Tim le contó a Jill que Tim y su esposa habían decidido arreglar las cosas entre ellos.

El esposo de Jill, rabioso y humillado, presentó demanda de divorcio. Quería que Jill abandonara el hogar y demandó la plena custodia de los hijos. Jill contrató a un abogado, al tiempo que le rogaba a su esposo que le diera otra oportunidad. No me sorprendió nada de lo que me contó, pero sí la gran rapidez con que sucedió todo.

El efecto bumerán. La acción de Jill provocó la reacción de su esposo. Tim nunca estuvo enamorado de ella y había resultado ser un hombre débil y egoísta. Jill se hallaba sumida ahora en una gran confusión, que bien podría haber evitado si se hubiera tomado tiempo para conocer a Tim antes de relacionarse con él.

—¿En qué debía de estar pensando? —se preguntó Jill.

—Usted no estaba pensando en nada, sino actuando como si la hubieran seducido. El sexo fue como una trampa para usted y este es el resultado. Nadie podría haberla inducido a escuchar porque no estaba actuando racionalmente. Tiene que examinar atentamente su vida y descubrir qué hay en la raíz de sus tendencias autodestructivas.

—¿Qué puedo hacer para solucionar el problema con mi esposo? —preguntó Jill. Le pedí que tomara dos tarjetas de color *rosa* y escribiera:

1. La pasión sin un fundamento firme es un duro golpe para nuestro buen juicio.
2. Actuaré según los más altos principios del altruismo. Sólo eso puede salvar mi matrimonio del estado en que ha caído.

También le dije a Jill que comprara un diario de *El poder del karma* para:

1. Anotar un registro sincero de todo lo ocurrido. Y estudiarlo.
2. Afrontar la situación. No se puede cambiar el pasado, pero se puede aprender de él.

3. Escuchar las cosas buenas que aún hay en su vida y sentirse agradecida por ellas.

Esas herramientas la ayudarán, mientras trata de hacer las paces con su marido.

Jill y su esposo siguen viviendo en la misma casa, pero las cosas distan mucho de ser armoniosas entre ellos. Ella está pagando el precio por su comportamiento. Su esposo únicamente la tolera hasta que encuentre una forma de salir de la situación. Lo que se siembra se recoge, no siempre de una forma tan rápida, pero sí de un modo u otro. La lección es la siguiente: si Jill hubiera actuado con paciencia e integridad, se habría dado cuenta de que Tim no era precisamente el Príncipe encantado, habría evitado así una situación desgarradora y habría conservado a su esposo. Y volverse loca por otra persona es una decisión, no una situación kármica.

DEBBIE TRANSFORMA UNA TRAGEDIA EN UNA PANTOMIMA

Una mujer llamada Debbie acudió a verme en un estado casi de colapso nervioso. Por lo visto, había conocido a un joven europeo que visitaba Estados Unidos y se había enamorado locamente de él. Tres semanas después de conocerlo, ella abandonó Estados Unidos y se instaló en Francia, para estar con su amado. Todas las personas a las que importaba intentaron convencerla de que debía tomarse más tiempo antes de cambiar tan drásticamente su vida. Pero ella dejó que su pasión arrollara su buen juicio. Al cabo de pocos días empezó a darse cuenta de que él seguía una pauta de comportamiento bastante insólita. Desaparecía durante horas seguidas, sin dar ninguna explicación y, cuando finalmente regresaba, se mostraba frío y distante.

Debbie se había llevado consigo todos sus ahorros y, sabiendo que ella no hablaba francés, su amado se había ofrecido a abrirle una cuenta bancaria. Después de esperar durante dos días su regreso, ella empezó a ponerse histérica, imaginando todas las cosas horribles que podían haberle ocurrido. Finalmente, acudió a un pequeño bar en el que habían estado juntos unas pocas veces. Se acercó al propietario y le dijo que su novio había desaparecido. El hombre se echó a reír. «Espero que no le haya dado ningún dinero. No es más que un gigoló», le dijo. De repente, ella se dio cuenta de que había sido engañada por su supuesto novio. No tuvo más remedio que llamar a su familia y pedirles que le enviaran dinero para comprar un billete de vuelta.

Debbie podría haberse evitado toda esta terrible situación si sólo hubiera esperado un poco más para conocer a aquel hombre. Su atracción sexual había obnubilado su razón. Acudió a mí porque quería que le dijese que había sido víctima del karma. Le dije que, en mi opinión, su mala fortuna no había sido sino un caso muy claro de mal juicio y de atracción sexual.

—No tiene que echarle al karma la culpa de su propia estupidez. Si hubiera ejercido aunque sólo fuese un poco de paciencia y hubiera tenido un poco de autodisciplina, podría haberse evitado mucho sufrimiento. A la larga, Debbie, todo forma parte de la experiencia y está bien —le dije—. Aprenda de esta situación y siga adelante con su vida. El tiempo lo cura todo y también le hará bien a usted.

Le dije que escribiera la siguiente afirmación en una tarjeta *rosa*:

El karma no produce víctimas.

También le dije que tomara su diario de *El poder del karma* para:

1. Hacer una lista de todas las personas que le habían advertido de que no se marchara a París con aquel perdedor.
2. Anotar las razones que le habían indicado para no actuar precipitadamente.
3. Examinar las dos listas y estudiarlas bien. Eso la ayudaría en el futuro a saber cómo analizar los dilemas a los que se enfrentara.

4. Hacer una lista de todo el buen karma que hubiese en su vida: su familia, amigos, el hecho de no haber recibido ninguna herida física y de haber sufrido únicamente en su ego, por citar sólo unas pocas.

Este ejercicio la ayudaría a situar en la debida perspectiva su fantasía de ser una víctima. Debbie me dio las gracias por haberla ayudado.

—Quizá debiera añadir a su lista: «Aprender francés» —le dije en broma.

—¿Está bromeando? Ni siquiera soporto mirar la torre Eiffel —dijo, para luego echarse a reír. Tras un momento, añadió—: No me había reído así desde que empezó todo este asunto.

—Debbie, la risa es uno de los grandes remedios contra el estrés. Proporciona un descanso al sistema nervioso y hace que nos sintamos bien. El humor es un arte perdido para mucha gente. Son muy raras las ocasiones a las que no se les pueda encontrar un lado humorístico. Observaba usted su aventura amorosa como una tragedia griega y ahora la ha convertido en una pantomima francesa. Es usted muy inteligente. —Y también me eché a reír.

Aquel día se marchó de mi consulta con una sonrisa en el rostro y la firme decisión de no permitir que la historia se repitiese. ¡No había sido ninguna víctima! El karma de Debbie quedaría equilibrado si seguía «mirando antes de saltar».

ENAMORARSE DEL SEXO NO SIEMPRE SIGNIFICA ENAMORARSE DEL AMOR

Afrontémoslo, todo el mundo quisiera sentirse «enamorado». Si somos sinceros, hemos de admitir que tenemos miedo de quedarnos solos. Al pensar en enamorarnos, nos imaginamos estar unidos a otra persona a un nivel íntimo, profundo y completo. El resultado de esa unión es un sentimiento vigorizante y de animación. No se parece a ninguna otra cosa en el mundo. Estamos convencidos de que

114

esa relación curará nuestras heridas, hará que nos sintamos seguros, deseados y amados. Naturalmente, también creemos que durará siempre. No obstante, si esa relación sentimental termina, las reacciones más comunes son la depresión, la ira y el deseo de desquite. Resulta difícil admitir para nosotros mismos que entramos en una relación únicamente por atracción física. La atracción sexual puede ser inmediata, pero el amor necesita tiempo, porque implica aprendizaje.

Karen aterriza con seguridad

Durante un reciente vuelo de regreso a Nueva York, desde París, una azafata de vuelo llamada Karen compartió su historia de una relación amorosa rota tras otra. Karen era consciente de repetir la misma pauta de comportamiento una y otra vez. Admitió haber mantenido relaciones sexuales antes de que tuviera tiempo para descubrir el verdadero carácter de sus amantes.

Dijo que su deseo más profundo era casarse y tener hijos. Le señalé que, al repetir unas acciones que no la conducían hacia su objetivo deseado, se estaba saboteando a sí misma. «¡Pero es que me encanta el sexo! ¡Son las únicas ocasiones en las que me siento totalmente viva!», insistió.

Karen tenía un conflicto entre su deseo de gratificación sexual y su necesidad de establecer la unión profunda que puede establecerse con el matrimonio y los niños. Sólo se sentía completamente viva cuando mantenía una relación sexual porque, durante ese breve momento, experimentaba un profundo vínculo de unión con otra persona. Puesto que no se había concedido a sí misma el tiempo necesario para crear unos firmes cimientos, terminaban las relaciones basadas únicamente en la atracción sexual. Karen no tenía ni la menor idea de que se sentía subconscientemente desesperada por sentir la conexión con la fuerza divina que llevaba dentro.

—No hay nada de malo en disfrutar del sexo pero, si lo que desea es establecer una relación de compromiso, debería pensárselo dos veces antes de actuar —le dije.

—¿Cómo puedo encontrar a alguien que me proporcione sexo y seguridad? —quiso saber.

Le expliqué el buen karma de ser paciente y de conocer a alguien y le aseguré que podía alcanzar lo que tanto anhelaba.

—Karen, le voy a dar unos ejercicios que la ayudarán a dejar de escoger a perdedores —le dije.

Karen gimoteó, asegurándome que no tenía disciplina, de modo que no podría hacer ningún ejercicio que fuese difícil o que le consumiera tiempo. Le dije: «Por mí está bien, pero no malgaste mi tiempo pidiéndome consejo si luego no está dispuesta a seguirlo. Karen, debería tomarse un momento para pensar. No tiene habilidad para ser objetiva en su vida amorosa. Estoy segura de que transmitirá ese rasgo negativo a todos los demás aspectos de su vida. Su falta de gratitud ante el hecho de que yo trate de ayudarla no hace sino demostrar un grado extraordinario de narcisismo. A la mayoría de la gente le resultaría difícil amar a alguien tan centrada en sí misma».

Karen pareció un poco atónita ante mi reprimenda, pero regresó con muchos ánimos.

—Déme esos ejercicios —dijo, para luego añadir—: Por favor.

—Anote lo siguiente en una tarjeta rosa. Memorícelo y hágalo —le dije.

Me comprometo a no intimar con nadie a quien conozca, bajo ninguna circunstancia, hasta que no haya transcurrido un mínimo de cuarenta días.

Karen me sorprendió al decirme:

—Eso es algo que puedo hacer.

—Karen, cómprese un diario y déle el título de *El poder del karma*. Le voy a dar un ejercicio importante que debe realizar para desarrollar aún más sus habilidades de buen juicio.

Les di a Karen y a Paula los mismos ejercicios, de modo que contaré primero la historia de Paula y luego expondré el ejercicio al final.

Paula está atrapada por el sexo

Paula se casó con un hombre al que sólo conocía desde hacía dos meses. Totalmente arrebatada, no quiso escuchar a nadie de los que le aconsejaron que esperase. Sus amigos, preocupados, le aconsejaron que no se precipitase a contraer matrimonio. Antes de la boda, dispusieron que Paula mantuviera una entrevista conmigo. Yo también le aconsejé en contra de aquel matrimonio. Le dije que veía que aquel hombre era un embustero y que se acostaba con otras mujeres. Llegué hasta el punto de decirle a Paula el nombre de una de las otras mujeres. Y, lo que todavía era peor, vi que aquel hombre estaba mentalmente desequilibrado y poseía un peligroso rasgo de carácter violento. Temía que pudiera causarle algún daño a Paula. Ella, sin embargo, parecía hipnotizada por la atracción que sentía hacia él. Nada de lo que le dije causó efecto alguno sobre su decisión.

—El sexo puede ser una trampa —le dije a Paula.

—¿Qué quiere decir? —me espetó.

—Bueno, no se necesita ser un ingeniero espacial para darse cuenta de que su vida sexual con ese hombre le está afectando a su buen juicio. El sexo puede ser maravilloso y hermoso, pero también hacer que la gente cometa muchas tonterías.

Al hacerle preguntas sobre su prometido, descubrí que no sabía nada sobre su pasado. Repetía una y otra vez que estaba segura de que él la amaba y que nunca había tenido unas relaciones sexuales como las que mantenía con él.

Me sentí mal por Paula cuando abandonó la consulta porque sabía que estaba a punto de meterse en graves problemas. Sin embargo, y por otro lado, también sabía que no podía detener el bumerán kármico. Era la vida de Paula. Yo sólo puedo hacer lo que esté en mi mano por aconsejar a alguien; a partir de ahí, únicamente del individuo depende hacer lo que le parezca más conveniente.

Paula volvió a verme seis semanas más tarde. Es bastante insólito que permita una nueva consulta tan pronto, ya que no propugno la dependencia y mis predicciones psíquicas no suelen cambiar de un modo espectacular en un período de tiempo tan corto. Pero

Paula necesitaba una clarificación. Llevaba casada desde hacía veintiún días. La noche de su boda, el esposo de Paula había empezado a gritarle y a llamarla puta. Con lágrimas en los ojos, me dijo que el lenguaje empleado por su marido era demasiado asqueroso como para repetirlo. Arrastrado por una furia enloquecida, él le desgarró la ropa interior. Aterrorizada, salió corriendo de la habitación del hotel, llevando sólo una toalla. La dirección llamó a la policía y el médico del hotel le administró un calmante.

Paula regresó a casa de sus padres, en busca de protección y contrató a un abogado para conseguir una anulación. El hombre no hacía más que llamarla, amenazando con matarla. Por increíble que pueda parecer esta situación, lo cierto es que, lamentablemente, la he visto suceder en demasiadas ocasiones.

—Mary —me preguntó entre sollozos—, ¿cómo puedo evitar esto en el futuro?

—Paula, a partir de ahora tiene que aprender usted a hacer sus deberes. Es maravilloso conocer a una persona por la que se sienta atraída, pero una vez establecida la relación, tiene que empezar a realizar el trabajo duro. Habitualmente, la atracción es instantánea, pero para conocer a la otra persona se necesita tiempo. La única forma de discernir el carácter de una persona es a través de la observación, la experiencia y la historia y para todo eso se necesita tiempo.

El arte del discernimiento es algo que se puede perfeccionar a través de la repetición y la disciplina, como cualquier otro arte, desde la danza, hasta la pintura o la interpretación musical.

Le dije a Paula que comprase un diario de *El poder del karma* y unas tarjetas. A continuación, se indica el ejercicio que le di a ella y a Karen.

EJERCICIO: APRENDER DISCERNIMIENTO

Muy de cuando en cuando, tengo clientes que son decididamente intuitivos y entonces les digo que sigan los dictados de su corazón. Su historia personal ha demostrado que su intuición es exacta. Eso, sin embargo, no es lo habitual. Lo mismo que lo sucedido a Karen y Paula, cientos de personas han acudido a verme a lo largo de los años sumidas en el dolor, la desesperación o la humillación porque, una vez más, han intimado con alguien a quien no conocían lo bastante bien. Su defecto, consistente y trágico, es que confiaban en su primera impresión, en lo que veían a primera vista. ¡Efecto *bumerán*! ¡Cuántas angustias desgarradoras podrían haberse evitado si hubiesen esperado!

Tome su diario de *El poder del karma*. Las narraciones de las experiencias escritas en los momentos más cercanos a cuando ocurrieron los hechos son la historia más exacta posible.

1. Registre su *primera impresión* de alguien por quien tenga la sensación de que podría relacionarse íntimamente. Póngale fecha.
2. Anote en el diario (y en una tarjeta rosa que lleve siempre consigo): «Ninguna relación íntima durante un período mínimo de cuarenta días». (Si la persona en cuestión tratara de presionarla, déjela inmediatamente. Esa sería una señal fehaciente que le indicaría una falta de respeto y la falta de respeto siempre crea un karma negativo.)
3. Registre el progreso de la relación, escribiendo sólo unas pocas líneas al día. No tiene por qué ser nada que le ocupe mucho tiempo. Recuerde siempre que hay sentido común en todas las cosas, incluido el karma. (¿Llama cuando dice que va a llamar? ¿Confirma los planes? ¿Está dispuesto a conocer a sus amigos? ¿Y a sus parientes? ¿Tiene la intención de presentarle a los suyos? ¿A dónde fueron? ¿Qué compartieron? ¿Hasta qué punto les resulta fácil hablar el uno con el otro?)
4. Emociónese si observa que la otra persona la escudriña del mismo modo. Eso indica que se trata de alguien que busca amor en todos los lugares correctos y trata de averiguar cómo es realmente usted.

5. Al cabo de cuarenta días, si la relación entre ambos no ha terminado, es bien posible que su instinto haya superado la prueba del tiempo. El karma no se ha decidido aún, de modo que proceda con dignidad, integridad y un optimismo precavido.

6. Al cabo de los cuarenta días, si la relación entre ambos ha terminado, debe ser totalmente sincera consigo misma. Lea lo que haya anotado. Es posible que le duela o le haga sentirse embarazosa, pero al menos tendrá todos los hechos ante usted. La historia no tiene por qué repetirse. Cambiar su historia significa cambiar su karma.

Ocho meses más tarde, Karen me llamó para informarme que había realizado fielmente sus ejercicios. Luego, con orgullo, dijo: «Llevo saliendo con un hombre maravilloso desde hace cuatro meses. Dice que quiere compartir el futuro conmigo».

Paula sigue soltera. Se han terminado las llamadas telefónicas amenazadoras. También ella sigue realizando sus deberes. Se siente feliz de esperar, hasta que encuentre a un hombre con carácter.

La nueva ira de Judy

Judy acudió a verme afectada por un ataque de ira, exigiéndome que le dijera dónde encontraría al hombre de sus sueños. Hastiada de salir con hombres y aburrida de estar sola, buscaba solaz y ayuda para encontrar a su verdadero amor. Estaba muy resentida debido a una infancia desgraciada. Le dije que, desde mi punto de vista, tenía que curar primero su infancia, liberándose así lo suficiente como para atraer a un compañero. No le gustó mi mensaje. Esperaba que le indicara directrices psíquicas para su encuentro con el hombre perfecto.

Le expliqué entonces cómo se veía afectada su habilidad para atraer a un buen hombre por su bajo nivel de autoestima. Le ofrecí a Judy una detallada exposición de su infancia. Su padre había abandonado a la familia cuando ella tenía siete años y la madre se había sumido en una depresión. Judy nunca comprendió por qué se había marchado su padre, de modo que se sentía responsable. Su madre no pudo darle a su hija ningún afecto, elogios o ánimos. Eso tuvo como resultado que Judy se sintiera iracunda y confusa. Su aura ardía de tanta ira. Y su pasado le estaba poniendo grandes obstáculos en el camino de conseguir un presente saludable y equilibrado. A Judy le asombró que le diera tanta información psíquica. Permaneció sentada en silencio ante mí, con lágrimas resbalándole por las mejillas.

—¿Qué puedo hacer? —preguntó entre sollozos.

Le entregué una tarjeta *rosa* y le dije que escribiera en ella:

El pasado no se puede cambiar, pero puedo alterar la forma de permitir que afecte a mi presente.

A continuación, le expliqué una práctica de meditación que sabía que la ayudaría a liberarse de la prisión de su ira:

¡Acumular autovalor! Siéntese en un lugar tranquilo, donde nadie la interrumpa. Dedique unos pocos minutos a imaginarse siendo feliz. No incluya a ninguna otra persona en la imagen. Simplemente, imagínese saliendo de casa con una expresión alegre en el rostro y un paso vivo y animado. El día es hermoso y no tiene una sola preocupación que la agobie. Mantenga esa imagen durante todo el tiempo que pueda. Realice este ejercicio dos veces al día. Recuerde que no debe incluir a nadie en la imagen. Se siente estupendamente bien porque está viva y hace un día hermoso. Se siente magníficamente sólo por ser usted. Realice esta breve meditación durante cuarenta días seguidos. Al cabo de cuarenta días puede decidir seguir con ella o no. Probablemente, el cambio que se producirá dentro de usted le hará desear la continuación. Los períodos breves de meditación realizados con frecuencia pueden ser más potentes que obligarse a sí misma a meditar durante una hora.

Le hablé a Judy del diario de *El poder del karma* y le dije que consiguiera uno y escribiera:

Las cosas que me gustan de mí misma.

No sea negativo. Nadie es perfecto. Limítese a anotar las cosas buenas, ya se trate de unos dientes bonitos, de un cabello sano, de unas manos hermosas, un gran sentido del color, del amor por los animales o de llegar siempre a tiempo a una cita, ser amable con los demás, estar dispuesta siempre a echarles una mano. Incremente la lista cada vez que crea haber descubierto otro aspecto positivo. Revise la lista con frecuencia. Disfrute siendo capaz de aumentarla. Eso le ayudará a tener una visión realista de sus atributos positivos y aumentará su nivel de autoestima.

Luego le di a Judy un ejercicio para que lo hiciera cuando se sintiera preparada para ello.

EJERCICIO SOBRE EL PERDÓN

—Quiero que perdone a su padre por haberla abandonado y que perdone a su madre por ser débil. No tiene usted por qué aprobar su comportamiento, pero sí que debe intentar ponerse en su lugar. Recuerde que lo hecho, hecho está. Así que trabaje para desprenderse del pasado y crearse un futuro hermoso.

Luego, dejé de hablar.

—¿Cómo puedo hacer eso? —me preguntó.

—Dedique unos pocos minutos cada día a imaginarse a sí misma observando a sus padres de una forma muy objetiva —le aconsejé—. Envíeles pensamientos amorosos. Debe darse cuenta de que sólo son seres humanos, con su propio karma que afrontar. Al respirar, note cómo la ira se libera con la respiración. La ira que siente hacia ellos se vuelve contra usted como un bumerán. Eso le impide atraer a su vida relaciones equilibradas y amorosas. Quizá le parezca duro al principio, pero siga trabajando en ello. Con el tiempo, se dará cuenta de que su ira se ha disipado y empezará a atraer a su vida a personas hermosas. No siga un programa predefinido; simplemente, tómese las cosas como vengan, hora tras hora y día tras día.

CONEXIONES KÁRMICAS

Más tarde le expliqué a Judy que cada uno de nosotros tiene padres que se hallan determinados a su vez por la experiencia de una vida pasada, según me relató Lawrence:

—La humanidad debe comprender las conexiones kármicas que afectan a nuestras vidas. Toda persona con la que estamos estrechamente relacionados en esta vida, ha tenido una relación con nosotros en una encarnación anterior. El alma de su madre en esta vida podría haber sido su hija en una vida anterior. Su esposo actual, pudo haber sido su hermano, hermana, padre o hijo. No hay accidentes de nacimiento. Tenemos a nuestros padres, hermanos, raza, ciudadanía, sexo..., todo porque esos elementos constituyen nuestra herencia kármica. Pero el karma nunca debe de ser una excusa para nuestros problemas. Una mujer que sigue eligiendo a hombres inmaduros que no pueden comprometerse con una relación, no debería confundir el karma con su falta de sabiduría. En lugar de eso, debería buscar dentro de sí misma y ver por qué sigue repitiendo la misma pauta. Una vez reconocido el problema, la solución se puede encontrar con rapidez. Este proceso de autoexamen es inestimable para seguir trabajando por alcanzar equilibrio en todas nuestras relaciones.

Judy volvió a verme un año más tarde. Salía con un hombre realmente magnífico llamado Matt y se hallaba como subida a una nube. Lo había conocido una tarde en que estaba sentada en un café, escribiendo en su diario. Matt entabló una conversación con ella y habían estado saliendo juntos desde entonces. Judy se había liberado de la ira contra sus padres, lo que hizo que se sintiera como una nueva persona. Ahora continúa haciendo sus ejercicios, pero le resulta fácil imaginarse más feliz... porque lo es.

Judy ha dejado de vivir en la negación y la confusión acerca de su infancia. Las personas cínicas dirían que no es posible dejar de vivir en el pasado hasta que uno no se haya pasado años hablando de él. Eso no es cierto. En ocasiones, revisar una y otra vez algo que no podemos cambiar no hace sino causarnos dolor y depresión. Cualquier acción positiva que realicemos intensificará nuestra situación actual y producirá el buen karma que procede del amor y del perdón. Hablar sobre el pasado puede ser curativo, pero sacarlo a relucir hasta la saciedad, sin haberse reconciliado con él, es destructivo. Podemos afrontar los temas que nos provocan falta de armonía, promoviendo así un mayor equilibrio en nuestras vidas. Pero llega un momento en que eso es destructivo, porque acaba con nuestra paz mental y nos impide disfrutar del presente y del futuro, manteniéndonos en un estado constante de efecto bumerán. Recordamos una y otra vez nuestra ira y, con ello, la sacamos a relucir en nosotros mismos. La sencilla meditación antes indicada le ayudará mucho más de lo que pueda imaginar. Sólo tiene que intentarlo y los resultados serán claros.

Sólo deténgase

Lawrence acudió una noche a mi apartamento y mantuvimos una larga conversación sobre las graves implicaciones que tenía vivir en el pasado. «El pasado es una serie de recuerdos. Al cambiar nuestro punto de vista, podemos cambiar lo que sentimos respecto de nuestros recuerdos. Hija mía, debe usted ayudar a la gente a ver los resultados negativos de vivir en el pasado. Eso no conduce más que a la desesperación y, llevado demasiado lejos, al desequilibrio o incluso la locura. Una de las principales causas de la falta de alegría de la gente radica en la implacable exigencia de sentirse desgraciado debido a injusticias del pasado. Eso es comparable al perro que se persigue la cola. Estoy convencido de que, en la mayoría de los casos, el mejor antídoto para esta clase de enfermedad es, simplemente, detenerse cada vez que se de uno cuenta de que está permitiendo a la gente entretenerse en el pasado. Deténgase, respire profundamente y piense en una imagen hermosa. Una puesta de sol, el mar, la cumbre de una montaña, un niño que ríe, el crujido de los leños en la hoguera, cualquier cosa que se elija. La mente sólo puede abrigar un pensamiento a la vez. Es un poco como el alquimista que transformó metal barato en oro. La imagen pasada de la injusticia puede quedar sustituida por una belleza del presente. Es sencillo, sí, pero muy efectivo. ¡Pruébelo!»

EL KARMA Y LAS RAYAS DE CEBRA

«Sé que si lo ayudo, podrá cambiar.» «Ella sólo necesita mi amor y podrá superar el problema que tiene con la bebida.» «Oh, ya sé que Tony se acuesta con otras y que siempre lo ha hecho. Pero le creo cuando me dice que me ama y que a partir de ahora será, por primera vez, totalmente fiel a una sola mujer. Cuando estamos juntos es una persona completamente diferente.» «Sé que, durante veinte años, Bill nunca ha sido capaz de conservar un puesto de trabajo durante más de unos pocos meses, pero con mi amor constante estoy segura de que esta vez conservará su nuevo trabajo.» «Sarah cree ser lesbiana, pero necesita experimentar el verdadero amor con un hombre como yo.»

Estos no son más que unos pocos ejemplos que he oído decir a mis clientes una y otra vez, a lo largo de los años. La gente está convencida de que puede cambiar la constitución de otra persona. ¡Quíteselo de la cabeza! No se pueden cambiar las rayas de cebra que forman la constitución de una persona. Las cualidades características del alma de una persona sólo pueden ser alteradas por la propia persona. Nunca hace daño tratar de ayudar a la gente, pero es sentencioso decidir qué es lo mejor para otra persona. También es egoísta, además de inútil, creer que se puede o que se debería alterar a alguien. Todos podemos alterar nuestros propios malos hábitos y los demás pueden apoyarnos en el proceso. Pero hay una diferencia crítica entre hábitos y rasgos. Los rasgos son las «rayas de cebra» que definen el carácter de una persona. Son como tatuajes que no se pueden eliminar sin un raspado de la piel.

Cómo reconocer una raya de cebra

Un rasgo innato, o lo que llamo una raya de cebra, es un comportamiento que se ha mantenido constantemente en una persona desde una edad joven:

- La mentira habitual, incluso cuando no parece haber razón alguna para ello.
- No cumplir nunca las promesas que se hacen.
- Necesidad de tener varias parejas sexuales, incluso cuando se mantiene una relación personal feliz.
- Necesidad de discreción.
- Adicciones que interfieren con el sentido común.
- No sentir verdadero remordimiento, sin que importe la cantidad de veces que se haya herido a otra persona.
- Incapacidad para conservar el empleo.
- Orientación sexual.

Por ejemplo, si una persona le dice que es gay, es gay. No hay nada malo en serlo; eso puede formar una parte esencial de la constitución de alguien. Por esa misma razón, si cree que alguien es gay y esa persona le asegura lo contrario, no tiene usted ningún «deber kármico» de ayudarla a salir del «armario». Si una persona le dice que nunca ha sido fiel a un amante, créala. Si alguien le asegura que no desea dejar de beber en exceso, es porque no lo desea.

EL KARMA Y EL KUNDALINI

Kundalini es la palabra sánscrita para describir el concepto hindú de la fuerza que, como una serpiente, descansa en la base de la espina dorsal. Esa fuerza asciende por la columna y se descarga de diferentes formas. Se la puede liberar mediante el acto puramente

126

físico de las relaciones sexuales. También se la libera como una expresión de ternura o mediante el medio de la realización artística. El amor, la creatividad y las aspiraciones espirituales permiten que esa energía, a menudo dormida, se libere a sí misma, en armonía con la naturaleza.

Podemos aprender a canalizar nuestra energía kundalini hacia expresiones creativas, no mediante la represión, sino a través de la redirección. Canalizada adecuadamente, se vuelve creativa, como sucede con la música, el arte o la poesía. Si se utiliza mal, puede hacer que una persona se sienta desequilibrada; un buen ejemplo de ello sería la preocupación por el deseo sexual o el poner un énfasis excesivo en la propia naturaleza inferior. Los seres humanos estamos compuestos por un yo físico y un yo espiritual. Al yo espiritual también se le conoce como el cuerpo superior. Lo físico representa la naturaleza inferior. Podemos elegir cómo canalizamos esta energía sagrada. Si la mente se concentra en el amor, la belleza y en el servicio a los demás, la kundalini fluirá de una forma hermosa y armoniosa.

Lawrence me habló del sexo y la energía. «El instinto sexual hunde sus raíces en el temor del ser humano a la soledad. La fuerza kundalini es un fuego apasionado y creativo que arde dentro de cada uno de nosotros. La mala utilización de esta fuerza puede hacer que la humanidad se implique abiertamente con el deseo sexual. Muchas personas frustradas no están realizando su verdadero trabajo creativo y mantienen encuentros sexuales que no tienen ningún significado para ellas. Esas aventuras sexuales permiten la liberación de la energía vital, acumulada en el interior, pero la falta de amor deja vacía a la gente. La depresión suele ser el resultado de una energía kundalini mal guiada, utilizada en esas relaciones. Ese vacío y desesperación no pueden traer consigo sino mal karma, porque con ello se despilfarra una valiosa fuerza vital. La gente tiene que aprender a canalizar esta energía, de tal modo que el efecto sean el amor y el equilibrio en la vida y en el trabajo. Esa redirección de la energía aporta consigo buen karma, porque será utilizado para la creación.»

Tras una pausa, siguió diciendo: «Cuando dos almas espiritualmente afines se enamoran, se produce una rica mezcla de alma y cuerpo. Se tiene que reevaluar el valor del sexo como simple recreación. La difusión de las enfermedades sexuales nos advierte de que se ha creado un desequilibrio. La gratificación instantánea no es más que eso: una simple emoción momentánea. ¿Y luego qué? La gente se queda entonces sola consigo misma. Todo el mundo puede decidir cómo canalizar la energía que lleva dentro. ¿Se convertirá en energía creativa utilizada, por ejemplo, en verdaderas relaciones amorosas, la música, el arte, la escritura o el servicio a los demás? ¿O se desperdiciará en la preocupación con el deseo sexual y el excesivo énfasis puesto en la naturaleza inferior del ser humano?» Dejó de hablar y esperó a que expresara mi opinión.

Le dije a Lawrence que me intrigaba la cantidad de gente que acudía a hablar conmigo de sus problemas relacionados con el sexo. Tenía la sensación de que muchos de ellos estaban confundidos porque creían que el sexo era la raíz de su infelicidad. La verdadera causa subyacente era que la gente deseaba contribuir, con las habilidades que tuviera, al bienestar del conjunto del mundo. Sólo se sentían medio vivos, de modo que el acto sexual les hacía sentirse enteros por un momento y luego rápidamente vacíos de nuevo, creando así un círculo vicioso. Tuve la impresión de que la explicación de la kundalini ayudaría a muchas personas a empezar a vivir una vida más plena, que echara sus raíces en el trabajo creativo y en las relaciones profundas. «El sexo puede ser hermoso cuando es la expresión de un amor profundo», dijo Lawrence, dando por terminada nuestra conversación. Mientras estaba sentada, pensando en lo que acabábamos de hablar, se me ocurrió pensar en la historia de mi amigo James.

James, talento y kundalini

Conocí a James en el verano de 1989, cuando estaba de vacaciones en una pequeña ciudad turística en Cape Cod. Yo iba acompañada por un pequeño grupo de amigos y nos detuvimos en un bar musical donde James tocaba el piano. Era bastante conocido, de modo que el local estaba lleno. James parecía tener unos treinta años, era masculinamente elegante y poseía un encanto de trato fácil. Los taburetes rodeaban su gran piano y una serie de mujeres se disputaban los asientos más cercanos a él. Prestaba atención a todos los clientes habituales, interpretaba las melodías que le pedían y charlaba con ellos entre una interpretación y otra.

Yo había estudiado música durante muchos años y había sido cantante profesional, de modo que sabía bastante de música. James inició una serie de tonadas y números de espectáculo y luego, de pronto, se interrumpió e interpretó la «Rapsodia sobre un tema de Paganini», de Rachmaninoff, seguida por el «Intermezzo» de Brahms, para terminar con una de las mejores interpretaciones que he escuchado de la «Rapsodia in Blue», de Gershwin. Quedé atónita ante la magnitud de su talento.

Cuando James se tomó un respiro, nos presentaron. Inmediatamente me cayó bien y acordamos una cita para almorzar. Nos hicimos amigos rápidamente y me dijo que se había doctorado en música en Juilliard. Su sueño había sido convertirse en un pianista clásico y compositor. Después de graduarse, interpretó conciertos en pequeñas salas fuera de Nueva York durante aproximadamente un año y entonces se le ofreció actuar como pianista en aquel bar de Cape Cod. Aceptó la oferta porque se sentía cansado, desesperado por encontrar una fuente estable de ingresos y porque, en principio, sólo tuvo la intención de quedarse seis meses. Desde que aceptó el trabajo, ya habían transcurrido siete años. Percibí inmediatamente que se sentía muy triste porque no seguía su verdadero talento y pasión, la música clásica. Al mismo tiempo, vi que se sentía enojado consigo mismo porque mantenía una serie de aventuras sexuales vacías de contenido.

Al decirle a James lo que veía, se quedó un poco asombrado. «Has acertado de lleno», me dijo. Reveló que las únicas ocasiones en las que se sentía un poco mejor era cuando hacía el amor. Ese acto le hacía sentirse vivo por el momento, pero inmediatamente después se sentía vacío y egoísta. No quería hacerle daño a los demás, pero tampoco parecía capaz de detenerse y evitar aquellas aventuras de una sola noche.

Con la mayor suavidad que pude, le dije: «James, te estás quemando interiormente porque no canalizas tu verdadera fuerza creativa. Esa creatividad reprimida está buscando una forma de expresarse. Lo que realmente deseas es la poderosa conexión que te proporciona la creatividad, la sensación de estar conectado con la fuerza divina que hay en tu interior. Te sientes confuso, de modo que buscas en la dirección equivocada. Sigues manteniendo aventuras sexuales que tienen muy poco o ningún significado para ti aunque, en esos momentos, te sientas conectado. Pero sólo se trata de una conexión temporal, de modo que al final te sientes más triste que nunca».

James se echó a llorar. Mis palabras habían acertado de nuevo. A partir de ese día, James se prometió a sí mismo llevar a cabo un esfuerzo consciente por cambiar su vida. Se concentraría en canalizar su energía hacia obras creativas. Deseaba intentar encontrar una mujer por la que se sintiera atraído, pero que también compartiera su pasión por la música. Han transcurrido doce años desde que James y yo nos hicimos amigos. Desde entonces, ha editado tres composiciones, que ha interpretado en Estados Unidos y Europa. Está profundamente enamorado de una mujer joven, a la que describe como su mejor amiga, su más grande aficionada y su única amante.

«No fue un camino fácil, pero fue magnífico. Hace que me sienta cada vez mejor», me dijo la última vez que hablamos. James se siente muy agradecido por todo, incluida su cordura. Ahora comprende el poder de dirigir el sexo y la energía hacia la creatividad y el verdadero amor.

Tome una tarjeta *rosa* y escriba:

La energía kundalini sigue la dirección del pensamiento. Piense en belleza, armonía, equilibrio y servicio y el camino aparecerá totalmente claro.

Lleve esa tarjeta en el bolsillo, utilícela para marcar la página del libro que esté leyendo o enmárquela y póngala sobre su mesa de despacho. No olvide que la energía kundalini puede ser desequilibradora si no se dirige en la dirección adecuada. No es un juguete con el que se pueda jugar, sino una fuerza sagrada que nos aporta vitalidad y creatividad. Dicho de modo muy simple: no la despilfarre caprichosamente.

RELACIONES KÁRMICAS

La atracción sexual es muy intensa, pero si no existe un vínculo emocional puede provocar confusión. Quizá la gente crea estar enamorada, pero sucede con demasiada frecuencia que el transcurso del tiempo revela que lo que sintieron no fue amor, sino atracción física. No obstante, cuando el sexo se halla conectado con el amor, no hay sólo una relación física, sino también espiritual. Es la fusión de dos almas.

En esta clase de amor hay karma, pasado y presente. En una vida anterior hemos estado involucrados en una relación con la persona amada en el presente. Esa conexión inconsciente no hace sino incrementar la estabilidad general de la relación. Tenemos la sensación de conocer a la persona mucho más de lo que parecería que deberíamos. En ocasiones, estamos pagando una deuda kármica. Por ejemplo, quizá traicionó usted un alma en una vida pasada y ahora parece que está siendo traicionado. Primero tiene que examinar su comportamiento en esta vida, antes de intentar averiguar si está cosechando el karma difundido en una vida anterior.

¿TENEMOS UN COMPAÑERO O COMPAÑERA DEL ALMA?

El deseo de unirnos con otra persona en una relación amorosa, romántica y comprometida, es una de las más profundas necesidades con las que nace cada ser humano. El noventa por ciento de todos mis clientes desean saber cómo, cuándo y si encontrarán a su verdadero amor. El término que se utiliza a veces para describir esa relación amorosa personal con una persona es el de «compañero o compañera del alma», o también el de media naranja. Pero lo cierto es que eso no existe.

Quisiera reproducir aquí una conversación que mantuve con Lawrence acerca del tema de los compañeros del alma. Recibí un mensaje de Lawrence para que acudiera a Edgartown, en Martha's Vineyard. Era la tercera vez que elegía esa zona para un encuentro. No era temporada alta y la isla estaba tranquila, de modo que no tuve ningún problema para reservar mi habitación favorita en el Daggert House.

Lawrence me pidió que nos reuniéramos en un hermoso jardín llamado My Toi, en Chappaquiddick, a corta distancia en trasbordador desde Edgartown. Como siempre, hablamos de muchas cosas. En un momento determinado de nuestra conversación surgió el tema de los compañeros del alma. Esto fue lo que dijo él sobre esa cuestión:

«La doctrina de los compañeros del alma podría describirse como la convicción de que en algún momento se produjo una división que separó la naturaleza física y espiritual de una persona. El resultado de esa división es que ningún ser humano puede ser completo dentro de sí mismo. A quienes creen en la teoría de los compañeros del alma les parece necesario reunirse con la otra mitad de sí mismos para alcanzar la perfección. Esa es una triste y mala interpretación. Cada persona está completa dentro de sí misma. La reencarnación y el karma afirman que cada persona está completa. El enamoramiento romántico se confunde con demasiada frecuencia con el deseo de encontrar a la otra parte de uno mismo, o al compañero o compañera del alma.»

Todas las relaciones amorosas son reconexiones de vidas pasadas. La intensidad y el lazo de unión entre estas dos almas es más fuerte debido a que hubo entre ellas una historia compartida. No es muy diferente a una amistad de veinte años, comparada con alguien a quien se conoce desde hace sólo unas pocas semanas. Esas relaciones no vienen determinadas por la afinidad de las almas, sino que son kármicas.

A menudo se identifica erróneamente la atracción sexual como verdadero amor. Esa pasión puede ser creativa o destructiva. Tiene que haber un firme fundamento de confianza mutua, de respeto y de amistad, así como una atracción sexual, para que pueda darse una relación amorosa feliz, equilibrada y comprometida. (Creo que eso es lo que desea la gente cuando utiliza el término compañero o compañera del alma.) Pero lo cierto es que hay muchas personas en el planeta, en un momento dado, con las que podríamos establecer un lazo profundo. El karma juega un papel importante en el éxito o el fracaso de nuestras relaciones amorosas. No siempre se trata de un tema procedente de una vida anterior lo que hace que se rompan nuestras relaciones amorosas. En esta vida aportamos rasgos que afectarán a las decisiones que tomemos. Esos rasgos también afectarán a la forma de reaccionar ante las situaciones. Al mismo tiempo, nuestra infancia tiene mucho que ver con nuestro karma actual e influye en todas nuestras relaciones.

Kathy construye su futuro

Kathy, una de mis clientas, se ha casado cuatro veces. Cada vez que se casó estaba convencida de que había conectado con su verdadera media naranja. Después de cada ruptura, se sintió extremadamente deprimida. Kathy es una mujer afable y bonita, interesada en el arte, a quien le encanta la literatura y la música. Se había pasado la mayor parte de su vida entrando y saliendo de sus sucesivos matrimonios, de modo que había llegado el momento de dedicarse a actividades armoniosas y que también fueran un servicio para los demás.

Hablé con ella por primera vez justo después de que terminara su cuarto matrimonio. Pude indicarle algunos de sus traumas infantiles más profundamente enraizados. Su padre había muerto cuando ella tenía tres años y su padrastro había abandonado a la madre de Kathy cuando ella tenía diez años. La madre, desesperada por encontrar otro marido, salía constantemente con hombres, dejando sola a su hija. Kathy desarrolló así un profundo temor a quedarse sola. Estaba convencida de que su felicidad y su seguridad dependían de encontrar a un hombre con quien casarse.

La madre de Kathy murió sin haber encontrado nunca a su «verdadero amor». Las últimas palabras que le dijo a su hija fueron: «Nunca serás feliz, a menos que estés casada». En algún momento de su vida, Kathy encontró la idea de la media naranja, sin comprender muy bien qué significaba. Lo que realmente andaba buscando era una forma de detener la soledad. Su error fue creer que la seguridad y la felicidad se podrían encontrar a través de relaciones externas. Antes de eso, necesitaba crearse un fuerte fundamento dentro de sí misma. Una vez que lo hubiera hecho así, atraería a un hombre que fuese maduro y que estuviera en armonía con ella. Necesitaba encontrar las herramientas que la ayudaran a configurar su bajo sentido de la autoestima, convirtiéndolo en una sensación de mayor autovalor. «Quizá sea mi karma el no encontrar nunca a mi verdadero amor», me comentó con un suspiro.

«Kathy —le dije—, no debe echarle al karma la culpa de las decisiones que ha tomado con respecto a sus antiguos maridos. Fue kármico que nunca tuviera una buena figura paterna y que su madre muriese. El pasado no se puede cambiar. Aprenda de él y creará karma nuevo y bueno. Trabaje para alcanzar mayor sabiduría en sus habilidades para juzgar el carácter de los demás. Tómese tiempo para examinar sus propias cualidades buenas.»

A raíz de su último divorcio disponía de dinero suficiente para pasar algún tiempo sin necesidad de preocuparse por trabajar. Kathy admitió que la atracción sexual constituyó la base de todos sus matrimonios anteriores. «Evidentemente, eso, por sí solo, no es un fundamento lo bastante firme como para construir su vida», le dije. Kathy se echó a reír, mostrándose de acuerdo. También le aliviaba saber que no había agotado a todos sus posibles compañeros del alma.

Kathy atrajo finalmente a un gran hombre. Pero antes trabajó duro para crear su propia fortaleza interior. Ella y su esposo tienen dos hijos y Kathy les enseña a ser independientes, fuertes, cariñosos y afables.

AMOR, SEXO E INTERNET

El fenómeno de Internet afecta no sólo a nuestras vidas económicas, sino también a nuestras vidas personales. Durante la década de los ochenta y los noventa, muchos clientes acudieron a verme con preguntas relativas a citas a ciegas a través de los anuncios personales. No recuerdo cuántas veces me preguntaron si encontrarían a su verdadero amor contestando a un anuncio publicado en una revista. Sí, hay ocasiones en que este método ha sido efectivo, pero eso fue porque el karma de una persona era el de conocer a una persona apropiada de ese modo.

En la actualidad, a los anuncios personales, los bares de solteros y los servicios de las agencias matrimoniales ha venido a unirse la búsqueda en el ciberespacio como uno de los principales medios de conocer a posibles amantes. Algunas personas utilizan la red como un servicio de agencia matrimonial, otras como una versión moderna de «sexo por teléfono», manteniendo contacto sexual sin llegar a conocerse físicamente. Casi cada día me piden que conteste psíquicamente preguntas relativas a las salas de chat de Internet.

Veamos unos pocos ejemplos de lo que estoy oyendo o de lo que se me pregunta, en relación con el fenómeno de Internet: «¿Cuál es el karma de chatear con tu pareja por ordenador?» «¿Encontraré a mi verdadero amor buscando en el ciberespacio?» «¿Por qué resulta tan fácil desnudar mi alma ante alguien a través del correo electrónico?» «¿Debería contratar a un "espía cibernético" para acceder a los correos electrónicos de mi marido?» «Mi madre se ha hecho adicta a las salas de chat desde que murió mi padre. ¿Es eso saludable?» «¿No le parece extraño que mi esposa se levante en plena noche y permanezca conectada a Internet durante horas seguidas?» «Nunca he sentido esto por nadie. Sé que no nos conocemos físicamente, pero los correos electrónicos que me envía son extraordinarios. ¿Forma esto parte de una conexión de una vida anterior?»

Patty aprende que teclear no es como una cita

Patty tiene veinticuatro años de edad. Sufre de un terrible exceso de peso y se siente constantemente ansiosa por ello. Hace pocos años empezó a conocer a hombres en las salas de chat de Internet. Fue una forma de intentar establecer relaciones sin tener que conocerlos personalmente, ya que le aterrorizaba la idea de ser rechazada debido a su corpulencia. Patty acudió a verme en un estado de desesperación, y me contó la siguiente historia.

Mantuvo correspondencia con Mark en la red durante más de un año, antes de reunir el valor suficiente para encontrarse con él en un lugar público. Su primer encuentro se produjo en una cafetería situada a una hora de distancia de su casa. «En cuanto nos miramos a los ojos, supe que estaba enamorada. Hablamos durante dos horas seguidas y él me dijo que también me amaba. Luego, me tomó de la mano y me pidió que me acostara con él.»

Terminaron yéndose a un motel. Ella sólo había tenido una experiencia sexual anterior a esta. Patty tuvo la sensación de que se entregaba por amor. Mark le hizo creer que la amaba y la aceptaba tal como era. Al separarse, le dijo que la volvería a ver pronto. Patty se sintió un poco enojada consigo misma por haber aceptado acostarse con él tan rápidamente, pero se convenció a sí misma de que ese era su destino.

Regresó a casa y envió un correo electrónico a Mark. Nunca lo respondió y, pocos días más tarde, cambió su dirección de correo electrónico. Entonces apareció la depresión. La visita que me hizo Kathy fue una de las pocas ocasiones en las que se atrevía a salir de casa. «Me dijo que me amaba», no dejaba de repetir, entre sollozos. Patty recogía el karma por su comportamiento. No había hecho los deberes. Debería haberse tomado tiempo para descubrir el verdadero carácter de Mark.

«Tiene suerte de que no le haya ocurrido nada peor. Podría haber sido un asesino, un pervertido, o haberle transmitido una enfermedad venérea. Teclear no es como una cita», le dije. Le predije que encontraría a un buen hombre. El problema no estaba en Internet, sino en su falta de discernimiento y en su bajo nivel de autoestima. Le dije que se comprara un diario de *El poder del karma* y le di instrucciones acerca de cómo realizar el ejercicio sobre el aprendizaje de discernimiento. Todavía no había encontrado a su pareja correcta, pero se está convirtiendo en experta en el arte del discernimiento. Sé que, a su debido tiempo, Patty encontrará al hombre adecuado y ella también lo sabe. Al practicar el arte del discernimiento, Patty está creando activamente un buen karma.

El misterio de Mike

Mike se sentía muy aturdido. Tenía la sensación de que su esposa mantenía una aventura por Internet, pero no podía demostrarlo. Supongo que se imaginó que yo podría actuar como una especie de vidente a lo Sherlock Holmes y solucionar el misterio. En este caso, fue realmente «elemental, mi querido Watson». Las pistas eran tan evidentes que Holmes ni siquiera habría aceptado el caso y habría obligado a Mike a afrontar los hechos.

Su esposa ya no mantenía relaciones sexuales con él. Cada noche, se quedaba por lo menos hasta las cuatro de la madrugada sentada delante del ordenador. Ellos compartían una misma contraseña, pero su esposa la había cambiado. Al preguntarle por qué, ella le espetó: «Quiero tener mi propia contraseña». Mike dijo que se sintió culpable porque no disponía de pruebas, pero que el comportamiento de su esposa le hacía tener la sensación de que algo no andaba bien.

—Veo que su esposa no ha mantenido relaciones íntimas con usted desde hace más de un año. ¿No le parece que eso es mucho tiempo, teniendo en cuenta que usted todavía se siente muy atraído por ella?», le pregunté, quedando a la espera de su reacción.

—No es porque no lo hayamos intentado —me contestó con tristeza.

—Mike, no creo que su esposa se dedique a ir de compras por la red hasta las cuatro de la madrugada. ¿Qué otra cosa puede estar haciendo, excepto visitar una sala de chat? Desearía poder decirle que está siguiendo cursos universitarios por Internet, pero no es eso lo que veo. Creo que haría bien en afrontar este problema de inmediato.

Guardó silencio durante un rato, antes de preguntar:

—¿Qué le parece eso de engañar al otro por Internet? Muchos no creen que eso sea una infidelidad porque no hay contacto físico con otra persona. Simplemente, no sé cómo manejar esto. Es una locura sentirse celoso de un ordenador.

—¿Qué me dice de la fidelidad de la mente y el espíritu? Violar eso supone producir un karma grave, porque los vínculos mentales y espirituales persisten en las vidas futuras. El cuerpo muere y el espíritu sigue viviendo. La nueva tecnología está produciendo nuevos temas kármicos que considerar: ¿quién habría imaginado que podríamos tener que afrontar la infidelidad resultante de teclear? ¿Quién habría podido suponer que se tomara un correo electrónico como prueba? Sabemos que nada muere, pero ¿quién sabía que nada puede ser borrado? Eso quizá sea asombroso para la mente, pero Internet ha llegado para quedarse.

Hice una pausa.

—Desearía que no se hubiese inventado —dijo Mike con amargura.

—Son las personas quienes deciden cómo utilizar Internet —seguí diciendo—. Echarle a Internet la culpa de la infidelidad de su esposa es como acusar a la ola de haber ahogado al hombre que se lanzó a nadar en aguas desconocidas. —Hice una nueva pausa, antes de continuar—: Creo que su matrimonio tiene verdaderos problemas y que será mucho mejor ir a la raíz de los mismos y hablar con su esposa. Esta situación se ha mantenido durante demasiado tiempo. Vaya a casa y hable con ella.

Ese día no le dije que veía un divorcio en su futuro. Necesitaba afrontar los problemas, enfrentarse con su esposa y tratar de dilucidar las cosas. No quería que se sintiera desesperanzado antes de haber intentado reconciliar la situación. El karma de su relación no debía cortocircuitarse, para que no se repitiera luego en otra vida. El karma proporcionaría una forma de resolver su desgraciado matrimonio.

Me pregunté si Mark era tan ingenuo en todos los aspectos de su vida. «Algunas cosas son demasiado dolorosas para admitirlas, hasta que se nos hacen intolerables. Uno sigue confiando en estar equivocado porque la verdad duele demasiado —dijo con lágrimas en los ojos—. Seguramente, pensará usted que soy un estúpido.»

—Creo que ha venido a verme para que le confirme lo que ya sabe. Eso no es una estupidez, sino una muestra de sentido común. Creo que es usted demasiado inocente por lo que se refiere al carácter de los demás, y que esa es la causa de su dolor. Procure aprender y no repetir pautas que son autodestructivas. No querrá ser usted una de esas personas permanentemente heridas —le dije.

Mike volvió a verme casi un año más tarde. Se había separado de su esposa. Habían ido juntos a un terapeuta, pero su esposa no quiso interrumpir sus prácticas de cibersexo. Se negó a admitir que estaban equivocadas. Estaba convencida de que, mientras no hubiera relación física, no engañaba a nadie. Mike no pudo soportar el dolor de su traición y al cabo de seis meses la abandonó. Actualmente, todavía se siente triste, pero también aliviado. «No podía luchar con un ordenador para recuperar el afecto de mi esposa», me dijo con una sonrisa.

«Mike, los ordenadores no engañan, la gente sí», le dije ese día, antes de separarnos.

Tome tres tarjetas *rosa* y escriba:

1. Los ordenadores no engañan, la gente sí.
2. Teclear no es como una cita.
3. Nadie muere y nada se puede borrar.

No se puede vivir sin alimentos y sin agua, pero se puede vivir sin sexo. El sexo puede ser hermoso, pero tenemos que mantener viva la belleza atrayendo relaciones basadas en el amor. Piense antes de actuar. Si se siente atraída por alguien que parece magnífico, estupendo. Pero tómese al menos cuarenta días (o cuarenta veces cuarenta, si fuera posible) antes de iniciar una relación sexual. ¿No cree que debería conocer a una persona antes de permitir que una relación entrara en el plano de lo físico? ¿Acaso es el sexo tan importante como para estar dispuesto a arriesgar su vida? Todos necesitamos afecto, pero eso es algo que se puede recibir sin tener una relación sexual. La fuerza divina vive dentro de cada uno de nosotros. Nunca estamos solos. Si nos halláramos ocupados en servir y amar a todas las personas que encontráramos de una forma incondicional, no nos preocuparíamos con pensamientos sobre el sexo. No tendremos ningún problema en esperar a la persona adecuada a la que expresar nuestro amor de una forma espiritual, al tiempo que sexual.

Tome una tarjeta *rosa* y escriba:

No se puede vivir sin alimentos y sin agua, pero se puede vivir sin sexo.

5. Karma y dinero

Creo que, durante los últimos veinte años, ni un solo cliente ha abandonado mi consulta sin haber planteado alguna pregunta sobre dinero. Todo el mundo tiene alguna clase de problema con el dinero, que va desde cómo pagar la educación, la atención sanitaria o la tarjeta de crédito hasta preguntas sobre consejos de inversión (¡soy una vidente, no un corredor de bolsa!). Muchas personas desean saber si alguna vez serán ricas. Los ricos me preguntan si veo que van a continuar siéndolo... o si se van a hacer más ricos.

Desde que Adán y Eva comieron la manzana y fueron expulsados del Paraíso, la idea de que «todo es cuestión de dinero» pasó a formar parte del karma del mundo. Su avidez tuvo como resultado nuestra necesidad de ganarnos la vida. Al principio se utilizó el sistema de intercambio, en lugar de emplear dinero. Por ejemplo, se podía intercambiar carne por fruta, madera por pieles de animales o trabajo por alimento, en un sistema relativamente sencillo. Naturalmente, los bancos actuales, las compañías de seguros, Wall Street y otras instituciones similares han complicado las cosas mucho más.

Lawrence, que posee un conocimiento extraordinario de la historia, me ha hablado a menudo sobre el dinero. Suele comparar nuestra vida moderna con la de las civilizaciones antiguas. Está convencido de que se puede aprender mucho estudiando la forma en que la gente antes de que la humanidad se consumiera con el deseo de poseer bienes materiales transitorios. Es decir, vivimos en una época en que la «avidez es buena», en la que empleamos la mayor parte de nuestro tiempo y energía procurándonos cosas que no son realmente necesarias para nuestro bienestar. De hecho, lo que antes satisfacía a los antiguos nos parecería ahora una miseria.

El comercio surgió de la necesidad de disponer de bienes y servicios. Transcurrió el tiempo y la gente empezó a desear más cosas, más comodidades. Fue sencillamente algo práctico imaginar un sistema fiduciario. Así pues, una de las mejores pruebas de nuestro desarrollo espiritual fue la forma de manejar el dinero. Algunos creen que es imposible ser espiritual en un mundo material. Eso es absurdo. El mundo siempre ha sido hasta cierto punto materialista. Lo que cuenta no es el materialismo, sino la forma de vivir en él.

Por un lado, el dinero puede desencadenar celos, úlceras, problemas cardiacos, desmoronamientos nerviosos, divorcios, competición nada saludable, corrupción, falta de autoestima y desesperación. La gente con menos dinero llega a despreciar a quienes tienen más. No es nada extraño que el amor por el dinero se haya considerado como «la raíz de todo mal». Y, sin embargo, no es correcto sugerir que tenemos que ser pobres para llevar una buena vida.

El dinero puede reducir el estrés cuando tenemos lo suficiente para pagar nuestras facturas. Puede proporcionarnos hogares cómodos, buenos alimentos, magníficas ropas, educación, atención sanitaria y recreación. Estar libre de preocupaciones económicas puede permitirnos disponer de más tiempo para contemplar las cuestiones del espíritu. Esa libertad nos ofrece una forma de ayudar a los demás y de disfrutar de nuestra familia, amigos, de la naturaleza y de nuestras aficiones.

El dinero equivale a libertad si la persona ha desarrollado la sabiduría para desvincularse de él. Una persona segura puede vivir con o sin dinero, y esa es la verdadera libertad. La mayoría de la gente que está convencida de que el dinero es libertad, se halla en realidad vinculada a ganarlo, contarlo o a preocuparse por no tenerlo.

No hay nada malo en tener dinero. Es muy sencillo, la ley del karma dice: «Obtienes lo que ganas». Si se tiene dinero es porque se ha ganado el derecho a tenerlo, ya sea en esta vida o en otra anterior. Una persona preocupada por llevar una vida intensificada por el buen karma aceptará la riqueza, vivirá cómodamente y ayudará a los demás.

PIERDA EL SENTIDO DE CULPABILIDAD O GANE EL BUMERÁN

Emma cuenta con un enorme fideicomiso que le dejó su abuela. Se ha pasado diez años sometida a terapia, tratando de aprender cómo llevar eso de tener una fortuna. Con un implacable sentido de culpabilidad, con la sensación de no haber hecho nada para ganarse todo ese dinero, despilfarra una enorme cantidad de energía sintiéndose desdichada.

Cuando acudió a verme lo hizo con un estado de ánimo negativo. Le expliqué que no tendría todo ese dinero si no se lo hubiera ganado en una vida anterior. ¿Se había preguntado alguna vez por qué nació en el seno de una familia rica? Resalté que no hay accidentes en la naturaleza y que nacemos en nuestras familias debido al karma.

—Emma, yo en su lugar perdería el sentido de culpabilidad. Eso demuestra una falta de gratitud y hará que coseche mal karma. ¿Por qué no dedica su energía a pensar en formas de ayudar a los demás con su dinero? ¿No se ha cansado todavía de hacer el papel de rica tonta?

Tras decirle esto, esperé su respuesta.

—¿Quiere decir que podría ser pobre porque me siento culpable. Eso no me parece justo —contestó finalmente.

—Mucha gente pobre pensaría que es injusto que a una mujer tan desagradecida como usted se le haya dado tanto. Pero obtiene lo que gana, ya sea en esta vida o en otra pasada. No olvide, Emma, que estamos creando continuamente nuestro karma actual y futuro. Por eso le sugiero que deje de autorrecriminarse. Eso no hará sino atraerle desgracias. Podría llevar una vida magnífica y lo único que hace es quejarse. Claro que su comportamiento hacia el dinero podría hacerla renacer en la más abyecta pobreza. También podría hacerle perder la fortuna que posee en esta vida. Y hay muchas cosas peores que ser pobre, como el cáncer, la ceguera o la soledad, por citar sólo unas pocas. Piense en todo lo que tiene, además de su dinero y lo que supondría para usted perder todas esas cosas. Le sugiero que abandone ahora mismo su negatividad y empiece a comportarse con dignidad, generosidad y gratitud. Encuentre una obra de caridad en la que crea y ofrézcale una parte de ese dinero por el que ahora se siente culpable. Hay miles de formas de ayudar entregando parte de sus finanzas. No se limite a permanecer ahí sentada, sintiéndose mal por su buena fortuna. Haga algo con ella, ¡inmediatamente!»

Terminé de hablar. Emma permaneció sentada, muy quieta, durante unos pocos minutos y luego, simplemente, dijo:

—Así lo haré.

Emma tenía muchas cosas en las que pensar. Me sorprendió cuando volvió a verme seis meses más tarde. Era una mujer totalmente diferente. Había abandonado la terapia y creado una beca para artistas. Parece ser que el temor a la pobreza y su mortificación fueron tónicos muy fuertes para su enfermedad de culpabilidad. Al abandonar nuestra última sesión pudo dejar de sentirse indigna. Me dijo que mis palabras sobre el karma la habían alcanzado como un rayo. Se sentía embarazosa ante su anterior falta de gratitud. Me sentí feliz por ella y por los artistas a los que serviría su nueva visión sobre la riqueza heredada.

Tome una tarjeta de color *verde* y escriba:

La gratitud es la primera regla del desarrollo espiritual.

DINERO Y AUTOESTIMA

Hay que rechazar la falacia de que el dinero es una pauta del carácter y que de la riqueza y la posición social se derivan una felicidad duradera. Ninguna cantidad de dinero en el mundo darán una verdadera autoestima a ninguna persona. Eso sólo se alcanza viviendo en armonía y en equilibrio con toda la naturaleza. La verdadera paz mental no se puede comprar. Se puede ganar creando un buen karma en todos los ámbitos de nuestras vidas. Eso, naturalmente, no tiene nada que ver con el dinero.

Para muchos, el valor propio se basa en la relatividad, hasta el punto de que si se tiene menos que el vecino, la gente se siente desdichada. El resultado son los celos y eso puede crear el karma de una grave enfermedad.

Tome una tarjeta *verde* y escriba:

La verdadera autoestima sólo se obtiene viviendo en equilibrio.

Louise rompe con una obsesión

Louise es una mujer de negocios muy atractiva y de mucho éxito, con un magnífico esposo y tres hijos maravillosos. Lo tiene todo para ser feliz y, sin embargo, parecía muy deprimida cuando acudió a verme. Recientemente se le había diagnosticado un tumor no maligno en la boca. Al observarla, «vi» que había tenido seis tumores benignos en los últimos seis años.

Louise se sentía celosa del dinero de su hermana Martha. Se hallaba obsesionada con la necesidad de equipararse e igualar a su hermana. Martha se había casado con un multimillonario y tenía dos hijos. La familia llevaba un estilo de vida muy sofisticado y Louise también envidiaba eso. Ya había oído contar antes una historia similar. Parecía buen material para un guión de cine negro: rivalidad entre hermanas, engañosas ilusiones sobre el dinero, la envidia y un final trágico para, al menos, uno de los personajes.

Louise tenía problemas físicos, emocionales y espirituales. Necesitaba mi ayuda.

—Martha no hace más que hablarme de sus nuevos caballos, viajes, de todas sus riquezas y de sus poderosos amigos. A mí no me incluye en ninguno de sus planes. Me trata como si fuese la patética pariente pobre. Le digo que siento envidia de su estilo de vida y me contesta: «Pues resulta extraño que yo no sienta envidia de ti».

—Louise, se está enfermando con esa implacable y mórbida obsesión con la situación financiera de Martha. ¿Se ha detenido a pensar que es el karma de su hermana el tener lo que tiene, mientras que el karma de usted es el de llevar su vida? Debe encontrar una forma de detener ese comportamiento desequilibrado, ante de atraer hacia usted algún problema de salud más grave. ¿Por qué cree que le están saliendo continuamente tumores? La energía no fluye de su cuerpo de una manera saludable. Su profunda falta de autoestima, la ira que siente al pensar en el estilo de vida de su hermana y su envidia general le están provocando todas estas acumulaciones negativas. Ponga fin a ese comportamiento si no quiere que uno de esos tumores termine por ser maligno.

—¿Qué puedo hacer? No puedo soportar el hecho de que todo el mundo sepa que es ella la que tiene todo el dinero. Fui yo quien le presentó a su esposo y ella actúa como si no lo reconociera. ¿Qué hice en una vida pasada para que mi karma en la actual sea el sentirme tan desdichada?

Louise empezó a sollozar. Sentí pena por ella. Vivía en un túnel oscuro de celos autoinfligidos. Se había convencido a sí misma de que el valor de una persona se basaba en el mucho dinero que acumulara. No tenía ni idea del karma. Su única esperanza de encontrar algo de paz procedería únicamente de un cambio en su punto de vista. Sería difícil ayudarla, pero iba a intentarlo.

—Louise, primero tiene que librarse de la fantasía de que su envidia es el resultado del karma de una vida anterior. Eso no es más que negarse a asumir la responsabilidad que le toca. Es usted responsable de las actitudes ante su hermana en esta vida. Sí, entre ustedes dos hubo una relación en una vida pasada. No es la primera vez que están juntas. Quizá la trató con falta de respeto en una encarnación anterior. Pero eso no es excusa que justifique su comportamiento actual, ¿o es que quiere reencarnarse y tener que pasar de nuevo por esta prueba?

La miré a los ojos y esperé su reacción.

—¡Tiene que estar bromeando! ¿Quiere decir que podría tener que pasar de nuevo por todo esto en otra vida? —preguntó.

—No, no estoy bromeando. Y, en efecto, podría tener que pasar de nuevo por lo mismo. Tiene que equilibrar cualquier karma mientras esté en la tierra. Si no lo endereza ahora, mientras esté aquí, tendrá que seguir intentándolo hasta que lo consiga.

—¿Y qué me dice del karma de ella? —preguntó, con un gimoteo.

—Por el momento sólo me interesa el de usted, puesto que es la persona que está hoy aquí.

—Pero ¿qué estoy haciendo para crear un karma tan malo? —preguntó.

—En primer lugar, le aparecen tumores debido a la ira que siente contra Martha y su dinero. En segundo término, crea un karma negativo debido a su falta de gratitud por las grandes cosas que tiene en su propia vida. En tercer lugar, está despilfarrando una energía sagrada con algo que no constituye un verdadero problema y eso es lo que finalmente le hará atraer uno hacia usted. En cuarto lugar, no está siendo un buen modelo para sus hijos. Y, finalmente, no puede usted cambiar a Martha, sino que únicamente puede cambiarse a sí misma. Está actuando como una estúpida. Es vergonzoso —le dije con firmeza.

Al principio, los ojos de Louise me miraron inflamados de indignación, pero se mordió la lengua mientras pensaba en mis palabras.

—Nunca lo había considerado de ese modo. Lo único que veía era que la gente consideraba a Martha como mejor porque es mucho más rica. Deseaba que mi hermana me acreditara las cosas que había hecho por ella, que me hiciera sentir importante. ¿Cree realmente que los tumores son atraídos por mis sentimientos de aversión hacia mí misma? Eso es aterrador. Pero tiene que comprender... que todas las personas a las que conozco juzgan a los demás por el dinero que tienen.

Louise hizo una pausa y luego se puso de nuevo a llorar.

—Creo que necesita empezar a pasar tiempo con gente más amable. ¿Piensa su esposo así? —le pregunté.

—No. Cree que estoy loca por seguir intentando conseguir la aprobación de Martha. A él no le importa tanto el dinero como a mí. Cree que tenemos mucho y que debería disfrutar de nuestra vida. Y ahora que pienso en él me doy cuenta de que esta obsesión mía debe de volverlo loco. Es una persona mucho más agradable que yo —dijo entre lágrimas.

—Louise —le dije con suavidad—, debe tener usted algunas cualidades positivas ya que, de no ser así, él ya la habría abandonado a estas alturas. No niegue las cosas buenas que hay en usted. Trabajemos para encontrar formas de superar lo negativo y sacar a relucir lo positivo. Tiene que desprenderse de su obsesión por su hermana y dejar de lado esa idea fija de que a todas las personas se las valora por la cantidad de dinero que poseen. Esto es fundamental para encontrar formas de configurar su futuro de modo que sea más sano, feliz y equilibrado. ¡Su karma está en sus manos! —exclamé.

—¿Y cómo se libra una de una obsesión? —preguntó.

LIBRARSE DE UNA OBSESIÓN

—Antes que nada, necesita comprender qué es una obsesión. La obsesión tiene dos significados. Desde el punto de vista psíquico es como una forma de posesión. Se está poseída por el deseo de algo. Ese deseo se apodera de todo su ser y se convierte en una especie de entidad mental. La entidad se adhiere a su cuerpo mental, a su aura y allí se alimenta de la repetición de una misma idea. Por decirlo con palabras más sencillas, alimenta a esa entidad repitiéndose una y otra vez: "Martha, dinero, Martha, dinero", como un sonsonete interminable. La entidad se vuelve comprensiva con su mantra negativo y mantiene viva la obsesión.

»El segundo significado tiene una base psicológica: es una fijación. El flujo natural del intelecto se desvía porque alguna idea ha arrollado la habilidad de la mente para razonar. Está usted obsesionada por su deseo de tener el dinero de su hermana y su aprobación. Eso únicamente se puede remediar mediante el pensamiento constructivo. Tiene que obligarse a sí misma a sustituir el mantra corrupto de su compulsión por otro que sea comprensivo y armonioso.

Hice una pausa para comprobar si me entendía.

—Eso es más fácil decirlo que hacerlo —dijo ella con autocompasión.

Le dije a Louise que tomara una tarjeta *verde* y escribiera:

La obsesión puede conducir a la locura.

—Es mucho más fácil librarse de una obsesión que salir de un hospital mental. Si continúa manteniendo esa implacable fijación, terminará por enfermar mortalmente o por volverse completamente loca —le aseguré, sobresaltándola.

—¿Le parece realmente tan grave? ¿Es esa entidad el diablo? —me preguntó, temerosa.

—Sí, es muy grave, pero no, no es el diablo. El diablo no se molestaría con una estúpida obsesión tan pequeña. La fuerza negativa que algunas personas llaman el diablo anda mucho más ocupada tratando de fomentar guerras y ayudar a inspirar el odio, la avaricia o cualquier otra cosa que pueda afectar negativamente a miles de personas. ¿Por qué habría de preocuparse ante una insignificante rivalidad entre hermanas? Usted y Martha no son Caín y Abel, ¿no le parece? —pregunté, bromeando.

—Hábleme más de esa entidad. Me siento confusa. Es algo que asusta a cualquiera —añadió Louise, que ahora ya me escuchaba con atención.

—El tipo de entidad al que me refiero es asquerosamente elemental. Se trata de una forma vital que no ha desarrollado un cuerpo físico. Imagínela como una especie de espíritu que se aloja en su mente y al que le encanta repetir ideas inútiles y nauseabundas. Sólo puede continuar haciéndolo si usted se lo permite. El temor puede ser algo bueno si le impulsa a introducir cambios en su vida. Tiene una razón para estar asustada. Está flirteando con el desastre debido a su pensamiento pervertido. ¿No está ya cansada de vivir sumida en la desdicha que únicamente usted se inflige a sí misma?

Hablamos un poco más y Louise estuvo de acuerdo en que dejaría de pensar en la vida de su hermana y empezaría a pensar en la propia. Le aconsejé que comprara las tarjetas y un diario de *El poder del karma*.

Tome dos tarjetas *verdes* y escriba:

1. Un pensamiento obsesivo tiene que ser sustituido por otro constructivo.
2. Un pensamiento constructivo es aquel que promueve la salud y la paz mental.

Ejemplos de pensamientos constructivos son:

«Todo lo que es mío llegará a mí si continúo amando y siendo amable.»
«Soy lo mismo que la paz del buen karma.»
«Me concentraré en las cosas buenas que hay en mi vida.»

Utilice palabras como «amistad», «buena voluntad», «estar de acuerdo», «ser uno», «útil», «curación» y «equilibrio» para sustituir las palabras obsesivas.

Su mente no puede tener dos pensamientos a la vez. Tendrá que permanecer vigilante y observar sus pensamientos como un halcón. En cuanto se de cuenta de que la fijación negativa se inicia de nuevo, deténgase, respire y cambie inmediatamente las palabras. La práctica hace perfectos, así que no abandone. Con el tiempo, la obsesión no tendrá ningún poder sobre usted y terminará por desaparecer. Recuerde que es usted la única persona que puede cambiar su karma. Lleve un registro de sus sentimientos en el diario de *El poder del karma*. Eso le permitirá ver los resultados de su trabajo.

Aquel día, al marcharse, estaba segura de que Louise ganaría su batalla. Me complace informar que tuve razón en mi predicción. Volvió a verme un año más tarde y apenas mencionó a su hermana. Estaba enfrascada en su propio trabajo y dedicada a su familia. Los tumores tampoco le reaparecieron.

El bumerán de Leo

El dinero siempre se ha utilizado como una medida del éxito o del fracaso. A la gente que se encuentra en medio de una difícil situación financiera se la considera a menudo como perezosa o digna de lástima. He hablado con personas a las que aterroriza permitir que nadie sepa que necesitan trabajo o ayuda financiera por creer que serían consideradas como perdedores. Esa actitud es cruel y se puede revolver contra quienes así piensan.

Leo conoce a todo el mundo. Es un hombre muy próspero y admirado y su éxito le permite disponer de mucho tiempo libre. En cierta ocasión, comentó: «Cuanto más alto se sube, menos se necesita hacer porque entonces puedes pagar a otros para que te hagan el trabajo más duro».

Un buen amigo de Leo perdió su trabajo y le pidió ayuda. Leo le dijo: «Claro, me ocuparé en seguida». El amigo esperó y finalmente lo llamó tres semanas después de haberle planteado su petición. Leo no sólo no había hecho nada por ayudarlo, sino que ni siquiera se molestó en devolverle las llamadas. Le habría sido tan fácil hacer algo. Una llamada telefónica de introducción habría supuesto una gran diferencia para su amigo sin trabajo.

Transcurrió el tiempo y los negocios empezaron a irle mal a Leo. Lo destituyeron de su propia empresa y las malas inversiones lo dejaron con números rojos. Empezó entonces a llamar a la gente

151

para que le ayudara y quedó sorprendido cuando nadie le devolvió las llamadas. ¡Efecto bumerán!

Leo aprendió de la forma más dura posible que «lo que se hace es lo que se recibe». A partir de entonces, su frase favorita fue: «No hagas a los demás lo que no quieras que te hagan a ti». Ahora es muy consciente de la importancia de ayudar a los demás. Yo digo que siempre es mejor tarde que nunca. Leo sigue en números rojos, pero ahora parece un poco más optimista acerca de las perspectivas de encontrar trabajo y, al ayudar a la gente, incluso de un modo tan limitado como ahora puede, finalmente se siente satisfecho consigo mismo y con su vida.

He visto a muchas personas que han ganado y perdido verdaderas fortunas. Así que tenga cuidado antes de ser demasiado crítico con las situaciones de los demás, tanto financieras como de cualquier otro tipo. No ignore una llamada de ayuda. La siguiente llamada que escuche podría ser la suya.

A continuación se indican un par de cosas buenas para escribir en dos tarjetas verdes:

1. No ignore nunca una oportunidad de ayudar a alguien.
2. La próxima persona que necesite ayuda podría ser usted.

Lawrence ha dicho: «El dinero no es algo tan difícil de conseguir. Casi todo el mundo puede hacerse rico si está dispuesto a sacrificar todo lo demás para conseguirlo. Es mucho más fácil ser rico que ser sabio. La riqueza no es ninguna medida de espiritualidad. El lado espiritual se ve en el juicio que se utiliza para hacer el bien con las propias riquezas».

EL TEMOR

He descubierto que muchos de mis clientes se sienten agobiados por el temor. He detectado el pánico en las voces de personas a quienes les aterroriza la idea de ser pobres;

«Mi madre vivía bajo el constante temor de perderlo todo. Eso nunca sucedió, pero yo vivo con ese mismo temor.»

«¿Qué me sucederá si me hago viejo y no tengo dinero?»

«Estoy muy enfermo, pero no puedo dejar de trabajar porque me despedirían y perdería mi paga de beneficios. No sé qué hacer.»

«Sé que tengo millones, pero me sigo preocupando por el dinero. Todas mis amigas se han casado con hombres ricos. ¿Y si yo no puedo encontrar a un hombre rico?»

Cuando alguien siente pánico por el dinero, le digo que anote las respuestas a las siguientes preguntas en un diario de *El poder del karma*. Examínelas con atención y luego contéstelas con total sinceridad.

1. ¿Está atrayendo mal karma al despilfarrar una energía sagrada preocupándose por el dinero, cuando tiene más que suficiente? Tenga cuidado. Eso podría hacerle perder lo que tiene o podría reencarnarse en alguien que no tenga nada.

2. Si no tiene dinero suficiente para cubrir sus necesidades, ¿está creando mal karma al concentrarse en el problema, en lugar de encontrar una solución? Invierta inmediatamente el centro de atención. Recuerde que el primer paso hacia el cambio de su karma consiste en cambiar su forma de pensar. El pensamiento negativo equivale a la escasez; el pensamiento positivo equivale a la abundancia.

3. ¿Cree que es su destino el no tener nunca suficiente dinero? El karma del dinero, como cualquier karma, puede cambiar en un abrir y cerrar de ojos. Si no tiene dinero suficiente hoy, eso no quiere decir que no lo vaya a tener mañana. Quizá tenga que trabajar más duro, cambiar de profesión o incluso trasladarse a un lugar donde haya más oportunidades. Pero puede ganar más dinero.

4. ¿Se está quejando, en lugar de trabajar? ¡Deje de hacerlo!

POR AMOR AL DINERO

Goethe dijo: «En el mundo se puede soportar todo, excepto la prosperidad continua». Como ya se ha dicho antes, el dinero, en sí mismo, no es la raíz de todo mal. Lo que puede ser malvado es el amor obsesivo por el dinero, el estar dispuesto a hacer cualquier cosa para conseguirlo y el no hacer nada generoso con él.

La intriga de Judith

—¡Siempre consigo lo que quiero! —Esas fueron las primeras palabras que pronunció ante mí una mujer llamada Judith.

—En ese caso, ¿por qué necesita hablar conmigo? —le pregunté.

—Pensé que sería un buen modo de confirmar lo que ya sé.

—Judith, si consigue siempre lo que quiere, ¿por qué le enoja tanto que Harry no parezca sentirse interesado en acostarse con usted?

—¿Cómo sabe su nombre? —preguntó, casi asustada.

Le expliqué que era mi don de vidente el saber cosas sobre la gente sin necesidad de que nadie me las contara. «Judith, es usted despiadada. Si quiere algo, es capaz de llevarse todo lo que no esté bien asegurado con clavos, incluidos los maridos de otras mujeres.» Hice una pausa y la miré para observar su reacción. No pudo decir nada durante un rato. Sabía que estaba siendo dura con ella, pero vi el montón de problemas que le esperaban en el camino si no examinaba su comportamiento.

—No es problema mío que una mujer no sepa cómo hacer feliz a su marido y, además, no lo quiero a él..., sino lo que él me puede dar a mí —replicó.

—¿Cómo se sentiría usted si alguien tratara de arrebatarle a su marido para conseguir su dinero? —me apresuré a preguntarle.

—¡Que se atreva alguien a intentarlo! Y, en cualquier caso, yo no estoy casada. No podría ser feliz teniendo sólo un hombre en mi vida. Necesito variedad —dijo.

Por un momento, pensé que debía de estar bromeando. Pocas personas son tan implacables. Pero la miré fijamente y me di cuenta de que hablaba muy en serio.

—Entonces, ¿cómo puedo conseguir a Harry? —me preguntó desvergonzadamente.

—Tenga cuidado con lo que pide —le advertí—. Creo que se dirige de frente hacia una tormenta, aunque aún tiene tiempo de desviarse de rumbo.

—Escuche. Quiero un apartamento más grande y más dinero. Harry es el hombre más rico que he conocido y quiero un trozo del pastel. Estoy segura de que si puedo metérmelo en el saco, me dará todo lo que yo desee. Sé que Harry no es feliz con el sexo que obtiene en su hogar y yo puedo remediar ese problema. No le amo, pero me gusta lo suficiente y me encanta su dinero —terminó diciendo con una risa.

—Harry está casado y tiene tres hijos. Debería pensar por qué estaría dispuesta a sumir el mal karma de manipular a un hombre con objeto de conseguir su dinero. ¿Es que no tiene sentimiento alguno hacia su familia? Incluso ha admitido que no le ama —añadí.

—Mi éxito en la vida está vinculado con mi éxito en conseguir llevarme a hombres a mi cama —contestó.

La falta de conocimientos de Judith sobre el karma no la protegería de los resultados de sus acciones. Simplemente, no le importaba. Quería las cosas que, en su opinión, podía darle Harry, y eso era todo. Le predije que lo conseguiría, pero que eso causaría muchos problemas.

—No será feliz, Judith. Todavía está usted a tiempo de cambiar de opinión. Le aconsejo que deje a Harry tranquilo y se concentre en encontrar a un hombre que sea libre para estar con usted.
—Sabía, sin embargo, que ella no aceptaría mi consejo.

Muchos meses más tarde, Judith regresó a verme.

—Tenía usted razón —admitió.

Judith había utilizado su experiencia sexual para alejar a Harry de su familia. Él abandonó el hogar y alquiló un apartamento para ellos dos. Al cabo de pocos meses, Harry entró en bancarrota. Judith había abandonado su propio apartamento y su trabajo al instalarse a vivir con Harry. Ahora tenía que volver a empezar sin nada. La esposa de Harry había planteado demanda de divorcio y Judith ya no quería seguir viviendo con él. El estrés le provocó a Harry un ataque cardiaco suave, por lo que ella le permitía que se quedara a su lado hasta que se recuperase.

—Finalmente he comprendido lo que quiso decir al decirme que debía asumir el karma que provocaran mis acciones. Estoy pagando el precio por utilizar a Harry para conseguir lo que deseaba. Me doy cuenta ahora de que me engañé al decir que no deseaba tanto un verdadero amor, sino el dinero. Ahora resulta que no tengo ni amor ni dinero —me dijo Judith—. ¿Cómo puedo librarme de este mal karma? —quiso saber.

—El mal karma no se puede borrar. Lo que está hecho, hecho está. Por eso se nos anima a pensar antes de hablar o actuar. La vida le presentará una situación que le permita pagar el precio por sus acciones. Puede aprender mucho al examinar el pasado. Quizás eso le ayude a no cometer errores. Por el momento, sin embargo, tiene que ser amable con Harry y ayudarle a levantarse de nuevo. Piense en él y no en sí misma. Consiga un trabajo y le prometo que ya nunca volverá a comportarse de ese modo. Toda esas acciones crearán un buen karma nuevo —le dije.

Tome una tarjeta *verde* y escriba:

No puedo borrar el mal karma, pero puedo aprender y empezar
a crear buen karma en este mismo momento.

La historia de Judith no es tan insólita como parece. Mucha gente tiene que experimentar la ley del karma en acción antes de comprenderlo. Judith había utilizado el sexo para conseguir dinero. En aquella relación no había amor. Descubrió de la forma más dura que si se hace daño intencionadamente a los demás con las propias acciones, se hace daño una a sí misma. Es el efecto bumerán del karma.

El furor de Pamela

Pamela dispone de una herencia que le permite no tener que trabajar. Es agraciada y posee una excelente figura que puede mantener sin necesidad de someterse a dieta. Su principal forma de ejercicio es caminar las once manzanas que separan la Saks de la Quinta Avenida de Bergdorf Goodman, para ir de compras. A pesar de ello, Pamela se queja continuamente. No parece tener ningún problema para atraer a los hombres, probablemente porque es inteligente y tiene una mentalidad ingeniosa que a algunas personas les parece divertida. Y el dinero que posee no hace daño.

Parece ser que consideró la visita que me hizo como una especie de diversión. Pero creo que la sesión que mantuvimos no debió de serle precisamente humorística. Pamela empleó buena parte del tiempo que estuvo conmigo quejándose de las uñas, angustiado por haberse roto una. Era como un personaje de novela: la chica rica y mal criada que contempla la vida como una interminable sucesión de fiestas. Todo en ella era chic: las ropas, el estilo del peinado, la dirección. Me dijo, sin embargo, que se sentía «aburrida, aburrida, aburrida». Cuando no tenía ganas de emprender un viaje por Europa, tenía ganas de marcharse a cualquier otro lugar. Detestaba el sur de Francia fuera de temporada, mientras que Italia empezaba a parecerle demasiado «común». Se quejaba de la monotonía y la falta de encanto de Nueva York y ninguno de los hombres a los que conocía le parecía lo bastante interesante como para sentirse entretenida. Se había sentido harta en cada fiesta de la temporada y, simplemente, ya no soportaba la estupidez de sus amigos. No pude evitar el pensar: «¿Cómo es posible que una persona así tenga amigos?».

No obstante, me sentí fascinada por ella. Ciertamente, despertó mi curiosidad. «¿Qué cree que puedo hacer por usted?», le pregunté.

—Quiero que me diga mi futuro —me contestó, muy pagada de sí misma—. ¿No es eso lo que se supone que hace? Quiero que me asombre con su habilidad para saber cosas sobre mí sin que yo le haya dicho nada —añadió, mirándose las uñas.

—Pamela, esto no es una caseta de feria —le dije—. Estoy demasiado ocupada como para emplear mi tiempo en sacar conejos de la chistera para su entretenimiento.

Pareció atónita, pero recuperó la compostura con rapidez.

—Bueno, querida, no pretendía alborotarle las plumas, pero lo cierto es que necesitaba algo nuevo y diferente y pensé que usted podría proporcionármelo.

Le sugerí que una mejor cura para su aburrimiento sería utilizar parte de su abundante riqueza y tiempo para tratar de ayudar a los demás.

—¿Y por qué iba a querer hacer eso? Estamos en Estados Unidos. ¿Es que la gente no se puede ayudar a sí misma? —replicó.

Ahora me tocó a mí quedarme atónita. Su ceguera ante el sufrimiento que la rodeaba me dejó sin habla, mientras seguía quejándose de todo y preguntándose por qué la gente era tan estúpida y le faltaba tanta «clase». Imaginaba ser más inteligente que nadie. Creía que sus padres eran estúpidos, que sus vecinos eran de clase baja y que sus amigos eran pesados. Le pregunté si leía alguna vez.

—Nadie ha escrito nunca nada que valga la pena leer —fue su respuesta.

—Pamela —le dije cuando la sesión ya tocaba a su fin—, debe darse cuenta de que esta vida que vive no es más que una gota de agua en el mar de la eternidad. Si no despierta y trata de hacer algo por alguien, pasará momentos muy desgraciados en su próxima vida. Si no deja de quejarse y aprende a sentir un poco de gratitud, se encarnará en su próxima vida con nada, absolutamente nada, cero. ¿Cómo puede soportarse a sí misma? No hace otra cosa que hablar y hablar sobre lo terrible que es todo y lo aburrida que es la gente. Si se detuviera un momento y se echara un buen vistazo a sí misma y a lo vacía que es su vida, quizá tendría el buen sentido de al menos asustarse un poco. ¡Despierte antes de que sea demasiado tarde! Se le ha dado tanto que ahora cree que el planeta se lo debe todo a usted. No siente ninguna gratitud. Nunca había conocido a nadie tan centrada en sí misma.

Me detuve, con la sensación de que había ido demasiado lejos. Sólo confiaba en que aquel tratamiento de choque pudiera haberla despertado un poco. Pero Pamela se limitó a parpadear ostentosamente y suspiró.

—Bueno, será mejor que me marche. Quiero llegar a Saks antes de que cierren. Necesito una crema de noche.

Se levantó y dijo que había sido maravilloso conocerme. Fue como si hubiese estado hablando con mi nevera. Le había dicho que veía su vida como un desierto sin valor alguno, y ella no demostró la menor reacción. Al marcharse, expresó un cumplido por lo «acogedor» que era mi apartamento.

Sintiéndome aliviada, cerré la puerta tras ella y me eché a reír. Evidentemente, no se puede llegar a todo el mundo. En último término es la gente la que decide por sí misma cómo quiere vivir su vida. Yo sólo podía hacer lo que estuviese en mi mano para indicarle la dirección correcta. Pamela debía de disfrutar de aquel estado de negatividad, ya que, en caso contrario, haría algo para cambiarlo. Quizá se sintiera conmocionada al abandonar el mundo físico y descubrir que en el mundo del espíritu no hay ninguna tienda Saks en la Quinta Avenida. Quizá sucediera algo que la agitara hasta despertarla, pero eso no era nada probable. Su verdadero problema era que tenía demasiado dinero. Pamela es la prueba viviente de que la riqueza no es sinónimo de felicidad.

Por eso me quedé totalmente sorprendida cuando, diez meses más tarde, Pamela llamó de nuevo para acordar otra cita. «¿Por qué quiere volver a verme? —le pregunté—. No creo que haya nada que pueda hacer por usted.»

—Oh, me pareció que sería un buen momento para un chequeo —me contestó.

—Pamela, no soy su dentista —le dije.

Como era habitual en ella, no se inmutó y siguió presionando.

—Bueno, he pensado en las cosas que me dijo y creo que su idea de intentar estar agradecida resulta interesante. En realidad, no la entiendo muy bien, pero pensé que podía charlar de nuevo sobre eso si pudiera reservarme un poco de su tiempo.

Vacilé un momento, preguntándome si serviría de algo tener otra sesión con ella, pero finalmente le di una cita.

Llegó a la hora acordada, cargada con bolsas de compra y jadeante.

—Espero no llegar tarde —dijo—. Estaba almorzando con una amiga y tenía tantas noticias que darme que el tiempo se nos pasó volando.

—¿Ha almorzado bien? —le pregunté.

—La comida era absoluta terrible —contestó—. ¡Y qué ambiente! Creía haberme perdido para acabar en un grasiento cuchitril. En estos tiempos ya no se encuentra un buen servicio. —Hizo una pausa para recuperar la respiración—. Tiene usted un magnífico aspecto, Mary. ¿Dónde ha encontrado ese vestidito? —me preguntó.

—No lo recuerdo, querida —le contesté. Pensé que sería una hora muy larga mientras Pamela hablaba y hablaba, sin darme muchas oportunidades de decir nada. Finalmente, me las arreglé para interrumpirla y decir:

—Me dijo por teléfono que quería saber más sobre el tema de la gratitud.

—En efecto, así es. Nunca había oído a nadie hablar sobre eso como lo hizo usted. ¿Forma parte de algún tipo nuevo de psicología? —preguntó.

Tratando de ocultar mi asombro, le repliqué:

—¿Es que nunca se ha sentido agradecida por nada?

—Pues claro —contestó con una risa—. Darle las gracias a los demás es una muestra de buena educación.

—No me refiero exactamente a eso. ¿No se ha sentido nunca agradecida por todas las cosas buenas que se le han dado en su vida? —Esperé su respuesta.

Ella me miró con los ojos en blanco, como si aquello fuese un concepto totalmente extraño. Por fin había conseguido decirle algo a lo que no tenía respuesta. Aproveché la oportunidad para decirle todas la ventajas de las que disfrutaba y que daba por sentadas: su aspecto, su salud, sus posesiones materiales, su familia y amigos..., todo ello eran grandes dones y debería sentirse profundamente agradecida por todas esas y muchas más cosas. Observé que seguía sin comprender y sugerí que hiciera una lista de todo lo que hubiera en su vida de positivo, de todas las cosas por las que se podía sentir agradecida. Le dije que se comprara un diario especial y que lo llamara *El poder del karma*.

Su rostro se iluminó y, por un momento, pensé que había logrado conectar con ella, que por fin comprendía. Pero entonces empezó a parlotear animadamente sobre la idea tan maravillosa que era para una nuevo juego de salón: una especie de caza de carroña en la que se pediría a todo el mundo que hiciera una lista de las cosas por las que se sintiera agradecida. La persona que presentara la lista más larga en el menor tiempo, sería la ganadora. Les compraría un diario a todos sus amigos, ya que sabía dónde vendían los mejores. Me dispuse a objetar pero, en ese momento, pensé: «¿Quién sabe? Quizás algún invitado a la fiesta aprenda algo de todo esto». Si sucediera así, habría valido la pena.

Al marcharse, Pamela me dio las gracias por haberle sugerido una nueva idea que en su opinión «haría furor». «¿No sería maravilloso que ocurriese así, que la gratitud se convirtiese en el "nuevo furor"?», pensé. Desde luego, eso ayudaría a que el planeta fuese un lugar más feliz. La motivación de Pamela no era el desinterés, pero si una no arriesgaba nada, nada se ganaba.

NO ROBE DEL UNIVERSO

Entre ciertos movimientos metafísicos, de control mental o de los llamados espirituales, existe una creencia monstruosa y peligrosa. Esos grupos afirman que el propio universo está interesado en las finanzas de sus devotos. La «prueba» de la verdadera «iluminación» es el flujo constante de dinero hacia las manos de una, sin tener que realizar por ello un trabajo honesto. «Conciencia de la prosperidad» es un término utilizado para atraer dinero de esta manera.

Quizá se pregunte qué insinúo al decir «de esta manera». La visualización, la concentración, el encantamiento, la meditación y la contemplación son prácticas que exigen que controle sus pensamientos para conseguir algo. Esas prácticas no son, en sí mismas, ni negativas ni positivas. Es la motivación de la persona que las invoca lo que decide si hacia la vida de uno se atrae el buen o el mal karma. Si el resultado deseado es materialista (dinero, poder, sexo), en lugar de espiritual (seguridad, amor, armonía, desinterés), el resultado será un karma negativo.

Se puede trabajar con una actitud positiva e incluso con un poco de inteligencia y astucia se puede conseguir honestamente más dinero. No hay en ello karma negativo porque se obtiene lo que se ha ganado. Pero hay que tener cuidado: tomar dinero o cualquier otra cosa que no se haya ganado a través del propio trabajo positivo crea un mal karma. Eso es muy peligroso desde un punto de vista físico, mental, espiritual y, desde luego, kármico.

Carol y esa vieja magia negra

Carol estaba convencida de que el universo le debía dinero. Acudió a verme exigiendo saber cuándo veía que le llegaba dinero. Seducida por promesas de riquezas, practicaba numerosas técnicas de manifestación y luego esperaba a que sus deseos se hicieran realidad. Quedó tan hechizada con su deseo de atraer todo el dinero que le «debía» el universo que se gastaba hasta el último dólar que ganaba en acudir a talleres, comprar cintas, asistir a conferencias, en lecturas de videntes y otras cosas similares. Finalmente, la despidieron porque faltaba demasiado a su trabajo, prefiriendo asistir a los seminarios antes que ir a la empresa donde trabajaba.

El estado en que se encontraba me angustió. Tenía la mirada vidriosa que ya había visto en las personas que eran miembros de una secta. Amablemente, intenté explicarle la ley del karma. Me interrumpía constantemente, haciéndome preguntas sobre dinero..., dinero..., dinero, hasta que me vi obligada a pedirle que se callara. Mis bruscas palabras la conmocionaron y la hicieron guardar silencio. Utilicé este método porque temía que se estuviera dirigiendo hacia un desastre seguro y, si era posible, estaba desesperada por ayudar a evitarlo.

«Cualquier utilización de los poderes ocultos para manifestar nuestros deseos personales es una mala utilización de la fuerza y se la puede llamar magia negra», declaré. Me miró como si estuviera hablando en un idioma extranjero, así que le di una explicación detallada: «Sólo estamos protegidos por nuestra propia bondad. Si se mantiene un pensamiento y se lo aísla de los demás, se convoca una forma a la existencia. Cada forma se vuelve elemental. Una forma elemental es una entidad invisible que se encuentra en una fase primitiva de su evolución. Esas entidades también son conocidas como hadas, trasgos, duendes, geniecillos, espectros, quimeras, elfos, leprechauns, gnomos, etcétera. Pueden hacerse visibles si una es clarividente. Pero no se llame a engaño. El hecho de que normalmente no se las pueda ver no quiere decir que no estén ahí. Un ciego nunca ha visto el color, pero sabe que existe. Una forma elemental actúa según las instrucciones de los seres humanos. Esas directrices proceden de poderosas formas de pensamiento creadas mediante repetición y control mental. Actúan de acuerdo con las instrucciones que reciben.

»Sólo piense lo siguiente: si obtiene el dinero, éste tiene que proceder de otra persona. Digamos, por ejemplo, que decide que va a encontrarse cien dólares. Se sienta, se concentra profundamente y se repite una y otra vez: "Encontraré cien dólares". A continuación, realiza un ejercicio de control mental en el que se ve a sí misma caminando por una calle, donde encuentra exactamente ese dinero. El poder de esos pensamientos ha atraído a una forma elemental para que haga el trabajo por usted. Es posible que tarde semanas o meses para ver el resultado de su acción egoísta. Pero un día, caminará por la calle, mirará al suelo y encontrará el dinero. No se entusiasme demasiado. Alguien tiene que haber perdido el dinero para que usted pueda encontrarlo. Podría haberse tratado de una persona acomodada, la pensión de la seguridad social de su abuela, el dinero de que disponía un estudiante para comprar libros o el que necesitara cualquier otra persona. Lo que importa es que no se trataba de su dinero y no es su dinero. —Hice una pausa, antes de continuar—: La forma elemental pudo distraer a la víctima induciéndole un pensamiento que le hizo hacer caer inadvertidamente su dinero. La abuela, por ejemplo, que acababa de cobrar la pensión de la seguridad social y se preparaba para guardarlo en el bolso, empieza a preocuparse porque no recuerda si ha dejado la plancha encendida o no. Esa distracción hace que se le caiga el dinero en la calle cuando ella cree estar guardándolo en el bolso. La forma elemental pone en la mente de la abuela la idea sobre la plancha. A eso es a lo que me refiero al decir que se roba del universo. Su intensa forma de pensamiento hizo que otro ser humano perdiera su dinero en el peor momento posible, para que usted pudiera encontrarlo. Le prometo que, tarde o temprano, en el peor momento posible para usted, encontrará su cartera vacía. ¡Efecto bumerán! Perdió su dinero o le robaron la cartera.»

Terminé la explicación y esperé a que Carol respondiera.

Ella se quedó mirándome, sin decir nada, de modo que, finalmente, añadí: «Fíjese en su propia vida. Lo ha perdido todo tratando de conseguir más con menos esfuerzo. ¿Es que no ve el efecto bumerán? El pensamiento positivo, combinado con la acción apropiada, le proporcionará buenas cosas. ¿Por qué jugar con fuerzas que no comprende?», terminé preguntándole.

Carol dijo finalmente: «Mary ¿cuándo, exactamente, me ve encontrando el dinero?». Carol no ha vuelto a verme.

Tome una tarjeta *verde* y escriba:

El pensamiento positivo, combinado con la acción apropiada,
le proporcionará buen karma.

EL KARMA Y LA BANCARROTA

Tiene que pagar sus deudas. A estas alturas ya he repetido este hecho una y otra vez. Pensando en ello, se plantea una pregunta seria. La declaración de una bancarrota financiera, ¿cuándo es una decisión kármicamente aceptable? Se trata de un tema espiritual difícil. Si ha hecho todo lo humanamente posible para evitar la bancarrota, sólo entonces debería solicitarla. ¿Qué quiero decir con «todo lo humanamente posible»?

Tome su diario de *El poder del karma* y conteste al siguiente cuestionario kármico. Copie las preguntas y anote junto a ellas las respuestas. Las respuestas le ayudarán a evaluar sinceramente su situación financiera.

1. ¿Ha tenido que aceptar un segundo o tercer trabajo para pagar sus deudas?
2. ¿Ha gastado un dólar innecesario en lugar de pagar una cuenta?
3. ¿Se ha puesto en contacto con todos aquellos a los que debe dinero y ha tratado de acordar con ellos un programa de pagos?
4. ¿Ha cambiado su estilo de vida para reducir sus gastos mensuales?
5. ¿Ha cortado sus tarjetas de crédito?
6. ¿Ha vendido todo lo que tiene de valor para conseguir fondos?
7. Ha buscado asesoramiento profesional en todos los lugares disponibles: revistas, libros, la televisión, los amigos expertos?

Con el transcurso del tiempo, he tenido muchos clientes que hicieron todas esas cosas y ni siquiera así pudieron pagar a todos sus acreedores. Las circunstancias que provocaron la devastación financiera que sufrían estaban totalmente fuera de su control. Para algunos, la economía cambió con excesiva rapidez y negocios que iban muy bien empezaron a ir muy mal. Para otros, les salió mal un riesgo responsable o un trato de negocios legítimos. Y, lo más trágico de todo, en algunos casos, una enfermedad en la familia vació la cuenta bancaria y acabó con la propiedad, sin dejar más alternativa que tomar prestado cantidades en efectivo de las tarjetas de crédito, con intereses exorbitantes. En casos como estos, la bancarrota es una decisión espiritualmente aceptable.

Herbert acepta lo inevitable

Mi cliente, Herbert, se encontró en una de estas terribles situaciones. Se sentía muy deprimido cuando acudió a verme. Había utilizado todos sus ahorros y pedido una segunda hipoteca sobre su casa para iniciar su propia empresa. Después de trabajar dieciocho horas diarias, había perdido peso y se sentía angustiado continuamente. Por mucho que lo intentaba, las facturas seguían amontonándose porque, simplemente, no realizaba suficientes ventas. Entonces, la zona donde vivía Herbert experimentó una recesión, sin advertencia previa. Herbert vendió su buen coche, llevó a sus hijos a la escuela pública, intentó vender la casa y siguió sin poder afrontarlo todo. Su esposa, Lucy, empezó a vender pasteles caseros para ayudarlo. Había intentado encontrar un trabajo, pero no halló ninguno. Herbert estaba a punto del colapso nervioso.

Le dije que no veía que las negras perspectivas de su negocio fuesen a cambiar en un futuro cercano. Analizamos las opciones y todo lo que pude ver fue una declaración de bancarrota. Vi en su aura que sufriría un colapso total o incluso la muerte si no aliviaba su carga. Amablemente pero con firmeza, le dije a Herbert lo que veía.

Él no se tomó mi mensaje a la ligera. Hundió la cabeza entre las manos y se echó a llorar, más por efecto de la fatiga que por autocompasión. Poco después de la sesión que mantuvimos, cerró su empresa y presentó una solicitud de bancarrota. La familia se trasladó a vivir a un pequeño piso y él encontró trabajo en la ferretería de un amigo. Lucy todavía vende pasteles caseros y a los niños les va bien en la escuela pública. Herbert se siente humillado por no haber podido pagar sus deudas. Pero le reconforta saber que hizo todo lo humanamente posible para equilibrar su cuenta bancaria kármica. Sólo cuando había agotado todos los caminos terminó por aceptar lo inevitable. Herbert es para todos nosotros un claro ejemplo de una decisión de solicitud de bancarrota que es kármicamente aceptable y espiritualmente equilibrada.

Kelly se ve atrapada

Kelly acudió a verme llevando ropas caras de diseño. «Todo nuevo», fanfarroneó al sentarse. Tenía unos veinticinco años, era alta, delgada, con un cabello suelto que movía con elegancia. Me miró y dijo:

—Acabo de declararme en bancarrota, de modo que puedo permitirme acudir a verla hoy.

—Espero que esté bromeando —le dije.

—No —me aseguró—. Las facturas de mi tarjeta de crédito ascendieron a treinta mil dólares, de modo que apenas si podía pagar los intereses y mucho menos la deuda principal. Así que decidí declararme en bancarrota.

—¿Y eso no le preocupa lo más mínimo? —le pregunté.

—¿Por qué iba a preocuparme? ¡Todo el mundo lo hace! —fue su respuesta.

—No, Kelly, no todo el mundo se declara en bancarrota y su actitud le va a producir profundos problemas kármicos. No ha pagado sus deudas; simplemente, cree haberlas saldado. No ha intentado poner en orden sus asuntos. Gastó el dinero en cosas que no necesitaba y luego decidió decirle a todo el mundo que saltara al agua con usted. De una u otra forma, la vida la obligará a crecer y aceptar la responsabilidad por sus acciones. Ahora fanfarronea que puede venir a verme porque se ha aprovechado de otros. ¿En qué planeta ha crecido? —le pregunté.

—¿Cómo sabía que compré cosas que no necesitaba? —me preguntó, desafiante.

—Lo siento, Kelly, debería haber supuesto que, evidentemente, todo el mundo necesita tener catorce pares de zapatos Manolo Blahnik.

—Ese es exactamente el número de pares que tengo. —Se quedó visiblemente atónita ante aquella demostración psíquica.

167

Pero Kelly no sentía ningún remordimiento. Actuaba como si el mundo le debiera todo aquello que ella deseara. Fanfarroneaba diciendo que ya había conseguido una nueva tarjeta de crédito a través de la conexión con una amiga. Ya se sentía impaciente por lanzarse a comprar de nuevo.

Le resalté que, de una u otra forma, tendría que pagar por los daños que causaba. Estaba viviendo a costa del dinero de los demás. También añadí que se encontraría con problemas de impuestos en un futuro no muy distante. En ese momento, admitió que había realizado algunos trabajos por su cuenta, pero que nunca había pagado los impuestos. A pesar de todo, Kelly abandonó la sesión actuando como si todo estuviera bien. No había escuchado nada de lo que le había dicho.

Un año y medio más tarde me encontré con una amiga suya. Kelly había sido descubierta por inspección fiscal. Incapaz de pagar los impuestos atrasados que debía, se había visto obligada a abandonar Nueva York y regresar con sus padres a Albany. Ellos no se mostraron nada comprensivos con su falta de respeto por el dinero. Ahora trabaja turnos dobles como camarera para pagar los impuestos y entrega a sus padres lo que le sobra. Vendió sus zapatos por una cantidad irrisoria en una tienda de segunda mano. ¡Efecto bumerán!

Tome cuatro tarjetas de color *verde* y escriba:

1. Haré todo lo que sea humanamente posible para pagar todas mis deudas antes de considerar siquiera la idea de declararme en bancarrota.
2. Si abuso del dinero en esta vida, naceré sin nada en la siguiente.
3. En el banco universal del karma no se borra nada.
4. Las deudas no prescriben.

Me pregunto si la gente pensará alguna vez que, en el caso de abusar en esta vida del dinero, se reencarnará para no experimentar más que problemas de dinero. ¿Por qué cree que ciertas personas nacen en la pobreza, en lugar de nacer en la comodidad? Ciertamente, uno de los factores principales de tener mal karma con el dinero procede del comportamiento que se ha tenido en vidas anteriores. El caso de Kelly podría tener sus raíces en una vida anterior pero está claro que su comportamiento en esta vida fue más que suficiente para crear mal karma. Seguirá regresando a la tierra y confundiéndolo todo si no aprende una lección importante: el manejo adecuado del dinero es una de las mayores pruebas que se le plantean al espíritu. ¡No lo eche a perder!

EL KARMA Y LA CONTRIBUCIÓN

Vivimos en un mundo en el que una cuarta parte de la humanidad se encuentra en situación de producir un alivio inmediato de los sufrimientos del resto del planeta. Cada persona tiene la oportunidad de contribuir con tanto dinero o trabajo como pueda para aliviar el sufrimiento de los demás. Muchos de los que disfrutan del don del dinero no tienen conflicto alguno con la caridad. Esas personas experimentan el deseo innato de ayudar a los demás. Nunca dan nada esperando recibir algo. Dan porque eso es para ellas tan natural como el respirar, porque les parece que es lo más correcto que pueden hacer, porque forma parte de ser una persona integrada en el mundo.

Podemos crear muy mal karma a través de nuestra falta de conciencia hacia las necesidades de quienes son menos afortunados que nosotros. La gente acude a mí y dice: «Cuando sea rico, empezaré a dar para obras de caridad». Jamás he escuchado nada más narcisista en mi vida. ¿Acaso quiere que el ala de un hospital ostente su nombre? ¿Colocar una vidriera pintada en una catedral? Mi respuesta es: «¿A qué está esperando? Empiece hoy mismo. ¿Qué le parece entregar sólo un dólar para los sin techo?».

Tome el diario de *El poder del karma* y anote las siguientes y sencillas sugerencias para configurar su contribución al karma.

1. Tómese tiempo para mirar a su alrededor. Vea con cuánto puede contribuir en este mismo momento.
2. Realice cualquier acción que pueda para ayudar a los demás. No tiene por qué ser un gran gesto. Un dólar de una persona que tiene poco es casi tan valioso como un millón de dólares de otra que es muy rica.
3. El dinero, por sí solo, no constituye generosidad. Si tiene la impresión de no disponer de dinero extra, puede donar su tiempo a una causa.
4. Si no fuese algo innato para usted, puede aprender a dar. La mayor belleza del deseo de ser útil y servir a los demás es que ayuda a equilibrar el karma del mundo, además del propio.

¿No quiere ayudar a los demás simplemente porque es algo grandioso? Cada día, en mi barrio neoyorquino, paso por delante del Asilo del Village. He llegado a conocer a muchas de las personas que viven allí. Los días que hace sol, sus ocupantes se sientan fuera, en sillas de ruedas, y disfrutan viendo pasar a la gente. Dirigir unas pocas palabras a esas personas tan encantadores puede suponer algo grande para ellas. Es muy fácil decir: «Hola, buenos días, ¿cómo se encuentra hoy?». También es muy fácil cambiarles la silla si quieren estar en un lugar donde haya un poco más de sol. Uno de mis amigos especiales es un hombre llamado Harold, al que le encanta mostrarme las últimas fotografías de su encantadora nieta recién nacida. Es verdaderamente agradable verle reír y sonreír mientras enseña las fotos. Quizá sólo se necesiten cinco minutos para ayudar a una persona a sentirse importante. Muchos de los que viven en el Greenwich Village son conscientes de los ancianos que viven en el asilo, pero, lamentablemente, también son muchos los que no prestan atención a su presencia.

Lo único que se tiene que hacer es mirar alrededor mientras se camino y seguro que encontrará una forma de crear un karma hermoso de contribución. ¡No se trata sólo de dinero! Se trata de amabilidad, de alegría, de interés por otra persona. Todos seremos viejos algún día si su karma es el de vivir una larga vida. ¿No confía acaso en que alguien se de cuenta algún día de que está usted sentada en una silla de ruedas, como a la espera de unas pocas palabras de ánimo? Esa acción no exige de nosotros ningún dinero o mucho tiempo. Lo único que se necesita es un poco de energía. El amor engendra amor, por si acaso lo había olvidado.

Además, es mucho más fácil ser amable que negligente. Es mucho más fácil ser consciente que vivir en la oscuridad de la negación. Nunca he conocido a una persona egoísta que sea feliz. Nacimos para contribuir, algo que, de hecho, hemos olvidado muchos de nosotros. No quiero escuchar ninguna excusa, como: «Si ni siquiera me puedo ayudar a mí mismo, ¿cómo voy a ayudar a los demás?». El simple acto de acercarse a otro ser humano podría romper la pauta de karma negativo e iniciar el flujo de las buenas cosas hacia usted.

La gente puede sentirse motivada a dar porque está convencida de que eso garantizará que aquello que «da» le será devuelto de alguna forma. Pero esa no es una acción positiva, porque la razón para dar es egoísta. Muchas personas ricas dan enormes cantidades de dinero, produciendo grandes gestos y convocando ruedas de prensa. A menudo, eso no es más que una forma de evitar pagar impuestos, al tiempo que se obtiene buena prensa. Sí, el dinero puede ayudar a la gente necesitada. Pero eso no es verdadera generosidad, porque se trata de un acto destinado a halagar el ego del donante. La verdadera alegría de la contribución está en el acto de hacer algo independientemente del reconocimiento que se pueda obtener por ello. Pero, con reconocimiento o sin él, dé algo de sí misma cada vez que pueda. Disfrute del acto de dar. Respételo. Recuerde que todos estamos conectados kármicamente.

Tome una tarjeta *verde* y escriba:

La persona sin hogar a la que hoy no hace caso, puede ser usted en otra vida.

La próxima vez que vea a una persona sin hogar en la calle, mírela realmente. Si la ignora, esa persona podría ser usted en otra vida. Algunos dicen que debemos enseñar a los demás a ser autosuficientes y que eso significa no dar «limosnas». Fantástico. Es muy práctico demostrar a alguien cómo plantar las semillas que producirán el alimento de un año para otro. Pero mientras la gente no disponga de esas semillas, de la tierra, de las herramientas y de los conocimientos necesarios, bien podemos darles algo de alimento y agua.

Tome el diario de *El poder del karma* y practique el siguiente ejercicio de conciencia:

Anote al menos una acción de buena voluntad hecha cada día. Puede tratarse de darle un dólar a una persona sin hogar, decirle una palabra amable a alguien en el trabajo, dedicar una hora a leerle a una persona ciega o hacer cualquier otra cosa que pueda.

Eso le ayudará a ver la armonía que procede del buen karma de cualquier contribución entregada a alguien desde el fondo de su corazón. Procure que sea algo sencillo, pero constante.

La boda

El pasado otoño recibí un mensaje de Lawrence para que acudiera a reunirme con él en Santa Fe, Nuevo México. No fue una gran sorpresa para mí, porque a menudo voy allí a visitar a dos encantadoras damas de las que me ocupo. Podríamos ponernos al día y ocuparnos de los negocios al mismo tiempo. Al llegar a la habitación del hotel, empezó a sonar el teléfono. «Hija mía, veo que llega a tiempo», dijo la voz de Lawrence. Me dijo que descansara, puesto que había hecho un largo viaje desde Nueva York a Nuevo México y que se reuniría conmigo en uno de mis lugares favoritos, a las cuatro de la tarde del día siguiente.

Era un día perfecto. Acudí a un pequeño pueblo llamado Ojo Caliente, a una hora en las afueras de Santa Fe. El pueblo recibe el nombre de una de sus famosas fuentes minerales. Lawrence y yo nos reunimos en una pequeña y divertida cafetería en medio del pueblo.

Lawrence posee la extraordinaria habilidad de parecer que siempre está como en su casa, independientemente de dónde nos encontremos. Llevaba una camisa de algodón azul, pantalones de color caqui y zapatillas. Del brazo sostenía con naturalidad una chaqueta azul. Sonreía y había un centelleo en los ojos. —La adaptabilidad es un arte —dijo, al estrecharme la mano.

—Con usted, Lawrence, es una ciencia —le dije con una sonrisa.

Pedimos el almuerzo y permanecimos tranquilamente sentados en silencio durante un rato. Lawrence sabía lo que había estado sucediendo en mi vida. Como ya he comentado anteriormente, es capaz de leer mis pensamientos y parece estar a sólo un pensamiento de distancia cuando lo necesito. Deseaba comprobar cómo avanzaba en este proyecto de karma en el que me había metido y contestar algunas de las preguntas que me estaba planteando. Rompió el silencio, diciendo: —Hábleme de la boda a la que asistió el pasado mes.

Una clienta mía muy rica había celebrado una boda por todo lo grande para su única hija. Fue algo espectacular y recibió mucha atención por parte de la prensa. La lista de invitados era todo un «Quién es quién» social, y el banquete se celebró en el mejor hotel de Nueva York. No se escatimaron gastos para convertirla en la boda del año. Asistí porque me gustaba mucho esta clienta, a la que conocía desde hacía diez años. Fue una gran fiesta y todo el mundo se divirtió mucho.

—Bueno, fue algo extraordinario —contesté. Le conté los detalles y añadí que deseaba saber su opinión sobre el hecho de que se gastaran dos millones de dólares en una boda.

—Piense en las muchas personas a las que empleó su amiga. Los modistos, floristos, el personal del hotel, los taxistas, camareros, los suministradores de comida y vinos, las zapaterías, los empleados de las tiendas, etcétera. Eso fue una ayuda para la economía de la ciudad, todo el mundo se lo pasó bien y su amiga no tuvo el menor problema para permitírselo económicamente. Además, la dama que organizó la boda para su hija es una persona muy filantrópica —contestó.

Debo decir que su respuesta me sorprendió no poco. Lawrence había leído mis pensamientos.

—¿Por qué le extraña tanto mi respuesta? Está intentando enseñar a la gente formas prácticas de crear buen karma y de ayudar a los demás, ¿no es así? Estoy convencido de que esa boda sirvió para dos propósitos. Todo el mundo se lo pasó maravillosamente bien y su alegría envió formas de pensamien-to positivas a través de toda la ciudad y, además, ayudó a la gente a ganar dinero —añadió.

—Naturalmente, tiene razón. No se me había ocurrido pensarlo de ese modo. El dinero gastado en la boda ayudó a mucha gente y, después de todo, es su dinero y ella puede decidir gastarlo como quiera. No habría economía si la gente no gastara dinero en bienes y servicios —repliqué.

—Exactamente —asintió, complacido de que lo hubiese comprendido.

—La gente espera que los maestros hagan blandir sus puños ante tales excesos —añadí.

—Eso no sería muy adaptable para mí. —Hizo una pausa mientras nos servían el almuerzo—. La economía mundial queda bien servida con esas cosas. No podemos cambiar el hecho, de modo que debemos ver los méritos y no las deficiencias de tales gastos.

Lawrence es la persona más flexible que haya conocido. Me ha ayudado mucho a ser menos rígida y más adaptable en todos los ámbitos de la vida. Cabría pensar que debería haber sido al contrario, que un hombre de su gran desarrollo espiritual debería haber tenido posturas más firmes sobre los temas. Está muy seguro de sus sentimientos, pero posee la cualidad de comprender la forma en que los demás perciben las situaciones.

ADAPTABILIDAD

Lawrence habló de la necesidad de que la humanidad fuese más adaptable. «El cambio debe producirse desde dentro. La mayoría de la gente está convencida de que si cambia de estilo de peinado o de guardarropa, habrá cambiado su personalidad. Eso no es cierto. Sólo cuando se trabaja en el yo interior se sienten los efectos del cambio.»

—¿Cómo puedo ayudar a la gente a que sea más abierta al cambio? —le pregunté—. Creo que muchas personas sufrirían menos si se preparasen más. Por ejemplo, fíjese en la economía. La gente se siente muy angustiada porque el mercado de valores ha fluctuado descontroladamente. Hay mucho temor y mucha ira. La gente ve cómo disminuye el valor de sus carteras y no dispone de los ingresos extra a los que estaba acostumbrada. Parece ser que mucha gente puso todos sus huevos en una sola cesta. Invirtieron su dinero en tecnología porque las ganancias eran enormes. Luego, un buen día, empezó el efecto bumerán. Los descensos tendrían que haber sido anticipados, porque es absurdo pensar que algo puede seguir creciendo indefinidamente de un modo tan rápido. Muchos de mis clientes se sienten deprimidos y con pánico acerca de sus futuros financieros. No deseo ver a todo el mundo viviendo en la más completa paranoia, pero sería estúpido negar que el mundo está cambiando bajo nuestros mismos ojos.

Esperé a su respuesta. Él asintió con un gesto, mostrándose de acuerdo.

—Nunca hace daño recordar que la historia se repite a sí misma. Los mercados financieros siempre han experimentado altibajos. Y continuarán haciéndolo. ¿De qué sirve ponerse histérico por cosas que no se pueden controlar? La gente reacciona violentamente cuando tienen la sensación de no estar preparada para el cambio. Es raro que la vida espere hasta que nos sintamos completamente preparados, pero si empiezas a prepararte antes de que se produzca una crisis, no te verás desequilibrado cuando se produzca el cambio. La educación es necesaria para poderse adaptar. La gente no sabe cómo vivir mejor. Se encierran en lo familiar, y cualquier cosa que sea extraordinaria parece intimidarles.

Lawrence hizo un pausa.

—Ahí está el problema, que la gente no puede o no quiere cambiar hasta que no se le dé otra oportunidad —añadí.

—La adaptabilidad depende de poseer un fuerte sentimiento de que las circunstancias de la vida se presentan ante nosotros para nuestro crecimiento. Si una persona atrae una situación desde el punto de vista kármico, lo hace porque necesita aprender algo. El problema pasará, sin que importe lo grave que sea. El tiempo es una gran cura, así como un maestro inteligente. Se necesita tiempo, más que ninguna otra cosa, para integrar el cambio. Y nunca está de más poseer un cierto sentido del humor. —Se detuvo de nuevo y tomó un sorbo de té—. Parece que tengo que adaptarme a lo tarde que se ha hecho.

Me tomó de la mano, me acompañó al coche y sugerí que dedicara algún tiempo a contemplar lo que habíamos discutido. Me maravillé ante la belleza de la puesta de sol sobre las montañas. Experimenté una profunda gratitud por ser capaz de disfrutar de la naturaleza, mientras me concentraba en la adaptabilidad y en cómo todo «verdadero cambio» procede del interior.

Este sencillo ejercicio le ayudará si se siente abrumada por sus preocupaciones financieras. Tome el diario de *El poder del karma.*

1. Pregúntese: «¿Cuántas horas al día dedico a pensar en el dinero y cuántas dedico a pensar en mi desarrollo espiritual?». Anote la respuesta. Hágase esta pregunta y registre las respuestas durante los próximos siete días.

Si al final de la semana se diera cuenta de que sus finanzas dominan sus pensamientos, consumiendo la mayor parte de su tiempo y su energía, y dejándola agotada, ha llegado el momento de adaptar su centro de atención. Evidentemente, no está dedicando tiempo suficiente a pensar en las cosas del espíritu. Quizá deba empezar a preguntarse cómo se consigue eso.

2. Ajuste su pensamiento. Limítese a elevar su conciencia para pensar en cosas que promuevan el equilibrio. Unos pocos ejemplos son la amistad, el amor, la naturaleza, la música y, la más importante de todas, servir a los demás.

3. Tómese unos pocos minutos todas las veces del día que pueda para concentrar la mente en los elementos de la belleza espiritual.
4. Al final de cada jornada anote unas pocas palabras que indiquen lo que siente.

Se quedará asombrada al descubrir que la preocupación se ha visto sustituida por una mayor armonía. Estos tesoros no son físicos, sino espirituales. No pueden verse afectados por las fluctuaciones de los mercados financieros. Están disponibles para todos y en todo momento. Una vez que se haya producido este ajuste, sentirá que se produce un cambio significativo en su disposición. La preocupación habrá sido sustituida por una mayor paz mental.

6. Karma y poder

EL MITO DEL PODER

El poder es fugaz. Las condiciones políticas, económicas y sociales pueden cambiar en un instante. En los periódicos abundan las noticias sobre golpes de Estado, absorciones corporativas, escándalos políticos y confusión económica. Todos esos acontecimientos conducen a cambios drásticos en el liderazgo en muchos ámbitos. En un momento determinado alguien es el «jefe» y en el momento siguiente es un subordinado. Las luchas por el poder pueden destruir familias, amistades y relaciones sentimentales.

La gente se siente atraída hacia quienes detentan el poder. A menudo creen que serán más influyentes si se les ve en compañía de los poderosos. Lo que tenemos que recordar es que el poder no es únicamente el derecho de nacimiento de los soberanos, la recompensa por los ascensos militares o el resultado de las victorias políticas. No se encuentra solo en las oficinas de los presidentes ejecutivos de Fortune 500. Hay muchos tipos de poder, ya sea financiero, político, social, emocional o espiritual.

Admitámoslo: todos deseamos tener alguna cantidad de poder en nuestras vidas. Todos necesitamos percibir alguna sensación de importancia, autoridad, significación y valor en nuestros mundos respectivos. Para muchos, ese reconocimiento radica en la influencia que ejercen en el hogar, el trabajo, en la iglesia o en los asuntos de la comunidad.

El poder puede y debería tener una influencia positiva en nuestras vidas. Su uso adecuado puede hacer que nuestras vidas sean más armoniosas y equilibradas. ¿Ha experimentado alguna vez la maravillosa sensación derivada de tener la fuerza para resistirse a la tentación de fumar, comer en exceso o sucumbir a los arrebatos irracionales de temperamento? ¿Se ha tomado tiempo para ayudar a alguien que se siente abandonado y solo? Esa acción de compartir su poder con alguien más débil les fortalece a ambos. Los buenos jefes utilizan su autoridad de tal forma que los empleados se sientan respetados y necesitados. Pero ciertos tipos de poder pueden desaparecer en un abrir y cerrar de ojos. Luchemos, pues, por establecer el poder real. Lo que es real, dura. No depende de factores externos.

Lawrence me habló del poder auténtico. «El poder genuino se ve reflejado en las cualidades internas de una persona. Esas cualidades se ganan mediante la utilización positiva de la voluntad y el esfuerzo constante por crear buen karma, a través del pensamiento y la acción que benefician a la humanidad. La gente que sólo desea poder y que vive para ello, descuida todo lo demás en sus vidas. La familia, el amor y la salud son unos pocos de los aspectos que se suelen dejar de lado para dejar el camino despejado para alcanzar el poder. Cuando el impulso por el poder es extremado, la gente pierde su vinculación con otros seres humanos. Tarde o temprano se producirá algún tipo de fracaso que afectará a su mundo, provocando soledad, agotamiento físico o mental o incluso una muerte prematura.»

Tome dos tarjetas de color *púrpura* y escriba:

1. El poder debería tener un efecto positivo en mi vida.
2. El verdadero poder se refleja en mis cualidades internas.

180

El fracaso de poder de Leonard

Nada pudo impedir que Leonard trabajara tan duro. Se pasaba largas horas en el despacho y no se concedía ningún tiempo de descanso o muy poco. Como consecuencia de ello, sufrió una ligera apoplejía. Fue hospitalizado y su médico le advirtió muy seriamente que debía disminuir el ritmo de actividad. La esposa de Leonard se sentía muy preocupada, pero él no quiso escucharla. Ella intentó convencerlo para que aligerase su carga, pero él le espetó que dejara de incordiarle. Abandonó el hospital y al día siguiente ya había regresado a trabajar. No quiso delegar funciones; tenía la sensación de ser el único capaz de hacer el trabajo adecuadamente. Leonard volvió a la misma y vieja rutina: trabajar hasta muy tarde, seguir una dieta deficiente y no hacer ejercicio. No dejaba de repetir que quería ser multimillonario antes de cumplir los cuarenta años. A su esposa no le importaba tener una gran riqueza. Vivían muy cómodamente y creía que Leonard debería sentirse agradecido por lo que tenía y tratar de disfrutar más de la vida. Pero él no se tomaba un solo día libre, pasara lo que pasase. Tenía la sensación de que el tiempo era dinero y que el dinero era poder. Leonard vino a verme una vez. Le advertí lo que vi: que no llegaría a cumplir los cuarenta años si no aminoraba el ritmo. Pero él no hizo más que preguntar si lo veía avanzando a un puesto de mayor riqueza y poder.

A la edad de treinta y nueve años, Leonard murió repentinamente de un ataque al corazón. Una tragedia que había sido totalmente innecesaria. Si hubiera escuchado las advertencias de su médico, de su esposa y mías, probablemente seguiría viviendo en la actualidad. Al hablar con su esposa, después del funeral, me dijo que hubiera deseado ser más firme con él. Le aseguré que había hecho todo lo que había podido por ayudarle. Este fue el caso trágico de un hombre que murió demasiado joven debido a su ambición.

«La ambición puede ser algo terrible —dijo la esposa de Leonard, entre lágrimas de dolor—. Si se piensa bien en ello, es ridículo. Leonard lo tenía todo en la vida, pero nada parecía suficiente para él.»

«El poder puede corromper. Los árboles le impidieron ver el bosque», le dije con suavidad. En la actualidad se ha puesto de moda la adicción al trabajo, pero eso no sirve de nada si uno termina por convertirse en una estadística. Se puede realizar muy buen trabajo y ganarse bien la vida sin necesidad de matarse a trabajar. Conozco a un hombre llamado Henry que dirige una gran empresa y que, sin embargo, nunca parece sentirse sobrecargado de preocupaciones por el trabajo. Si la semana ha sido particularmente exigente para él, sale del despacho temprano el viernes. A pesar de que nunca descuida nada, se niega a matarse trabajando. Dedicó mucho tiempo a elegir un personal excelente y sabe que un buen jefe es aquella persona con capacidad para delegar responsabilidades. Recarga sus baterías marchándose al campo con tanta frecuencia como le sea posible. «Moderado», sería la palabra que elegiría para describirlo.

En cierta ocasión, me dijo: «No bebo ni como en exceso, y vivo al día con un cierto sentido de la moderación».

No es necesario ser el director de una gran empresa para adquirir un verdadero poder. Todos tenemos la posibilidad de vivir la vida como lo hace este hombre. Quizás al principio resulte difícil, pero será siempre mucho más fácil que estar sumido en una ansiedad constante. Henry tiene verdadero poder. Controla su propia vida, sin permitir que ésta le controle.

Evite los fracasos de poder

Todos tenemos momentos en los que nos sentimos sobrecargados por el trabajo, o por la vida, en general. Por cada tarea que completamos, parece que hay dos más que ocupan su lugar. Pero nos obligamos a ser disciplinados, incluso cuando nuestra energía se halla cortocircuitada.

A continuación se indican unos sencillos ejercicios para evitar los fracasos de poder.

1. No viva cada día como si estuviera al límite. Eso le acortará la vida y estará siempre de mal humor. Escuche lo que le

diga su cuerpo, que le indicará en términos inequívocos si está sobrecargado. El estrés se manifiesta mediante una amplia serie de síntomas físicos, entre los que se incluyen: trastornos digestivos, insomnio, temblores nerviosos, prurito cutáneos y problemas cardiacos. Preste atención a las señales de advertencia y disminuya el ritmo. Si hace caso de lo que le indique el cuerpo, evitará tener problemas más graves.

2. Prepárese para los momentos estresantes, relajándose cuando pueda. Eso le proporcionará el «juego» añadido que necesita para cumplir con una fecha tope concreta.

3. Tómese un momento y pregúntese: «¿De qué sirve esforzarme hasta el punto de ruptura?». Cuando pase al otro lado, no se le juzgará por su cuenta bancaria o por su título, sino únicamente por lo bien que haya servido a los demás. El servicio es la verdadera medida de la calidad de vida.

4. Pregúntese, al final de cada día: «¿Qué hice hoy para servir a otra persona?».

Unos sencillos ajustes en el comportamiento pueden protegernos de agotar nuestras reservas de poder. A continuación se incluye un ejercicio práctico y potente:

Tómese cinco minutos cada mañana para organizar mentalmente la jornada. Sé que la mayoría de nosotros estamos muy ocupados, pero este se puede hacer mientras se toma el café, se afeita, se ducha o prepara el almuerzo del niño. Utilice ese tiempo para concentrarse en las necesidades de esta jornada en particular. Recuerde la palabra «necesidad»: se refiere a los deberes esenciales de este período concreto de veinticuatro horas. No confunda lo que usted necesita hacer con lo que desea o lo que desearía tener tiempo para hacer.

Su lista de elementos «esenciales» puede ser similar a la que sigue:

Desayunar. Ponerse a trabajar a tiempo. Asistir a un almuerzo de trabajo. Concentrarse en los clientes a los que debo atender hoy. Disponer la entrega de ropa a la lavandería. Confirmar reservas para cenar con mi amiga. Realizar quince minutos de ejercicios de estiramiento antes de acostarme. Poner el despertador para mañana.

Otra lista puede ser:

Comprobar que todos se han despertado. Preparar café; recordar a mi esposo que recoja las flores para el cumpleaños de su madre cuando vaya camino del trabajo. Preparar desayuno para todos. Acompañar a los niños al autobús de la escuela. Arreglar la casa. Pagar las facturas del mes. Hacer recados: tienda de comestibles, correos, papelería. Dormir una siesta. Recoger a los niños en la parada del autobús escolar. Pasar un tiempo con ellos. Ver a la abuela por su cumpleaños.

Probablemente, se necesitan menos de cinco minutos para preparar esas notas de recordatorios mentales. No se deje arrastrar por el pánico por cosas que no tiene tiempo de hacer en la jornada. Esas alteraciones no servirán más que para agotar una energía que le será muy necesaria. Haga este ejercicio cada mañana durante por lo menos cuarenta días. Observe el cambio que se produce en su perspectiva. Debería sentirse más centrado, feliz y equilibrado. Estoy convencida de que en cuanto se de cuenta de lo útil que es este ejercicio, continuará practicándolo incluso después de transcurridos los cuarenta días iniciales y hasta es posible que lo haga durante el resto de su vida.

AMBICIÓN

La ambición siempre es negativa. Cuando deseamos hacer las cosas lo mejor posible, sea cual fuere la circunstancia, nos sentimos mo-

184

tivados espiritualmente. Hay una gran diferencia entre ambición y motivación espiritual. Tomemos, por ejemplo, la diferencia entre afirmación y agresión, que es la que hay, por ejemplo, entre un apretón de manos y una bofetada en la cara.

La ambición es el deseo de alcanzar éxito o poder mundanos. Está matizada por la envidia y conjura imágenes de explotación, agresión y avaricia. La fuerza impulsora de la ambición es el avance del propio estatus. La ambición es la antítesis de la humildad y del equilibrio espiritual. Una persona ambiciosa sólo piensa en sí misma y a menudo es detestable. Es una mala interpretación del significado de la palabra el creer que la ambición es un atributo positivo. Puede constituir un elemento en la composición del que busca poder, pero el resultado es, con mucha frecuencia, un fracaso de poder.

Lawrence habló conmigo sobre la ambición. «Se oye a gente decir que si no fueran ambiciosos, no habrían conseguido nada en su vidas. Eso no es cierto. Recuerde que la ley del karma enseña que obtenemos lo que ganamos. Entonces, ¿nuestra actitud debería ser de estrés y lucha o de serenidad y resolución? Se puede trabajar duro y concentrar las energías en hacer un buen trabajo, sin dejarse esclavizar por la ambición. La ambición también puede causar daños a otros. Una persona puede involucrarse con su persecución personal de poder, hasta el punto de ignorar todo lo demás. ¿Vale la pena causar daño o incluso destruir a los demás para obtener lo que se desea? Se puede ser una persona atenta y responsable y seguir teniendo éxito en el propio trabajo.»

Tome dos tarjetas de color *púrpura* y escriba:

1. No seré esclavo de la ambición.
2. Concentraré mi energía en la excelencia, no en perseguir el poder.

El método de Merrill falló el blanco

Merrill estaba obsesionada con la ambición. Decidida a subir la escalera de la gran empresa se mostró implacable en su persecución de un título cada vez más alto. Trabajaba dieciséis horas diarias y no tenía vida fuera del trabajo. Dormía caprichosamente, siempre le preocupaba no haber hecho lo suficiente y era quisquillosa y malhumorada. En realidad, no le caía bien a nadie. Trabajaba como un robot, independientemente de cómo se sintiera. Un invierno estuvo enferma durante tres meses, pero no se tomó un solo día de descanso en la oficina. Perdió el contacto con sus amigos porque estaba demasiado ocupada como para devolver las llamadas telefónicas que le hicieron. Finalmente, dejaron de llamarla.

Le pregunté acerca de esa situación y me contestó que estaba dispuesta a conseguir el ascenso, sin que le importara el precio. Su padre le había dicho en cierta ocasión que nunca llegaría a nada y quería demostrarle que se equivocaba, aunque eso acabara con ella. La expresión de su rostro siempre era la de una total e inconmovible determinación. Merrill no escuchaba a nadie y, desde luego, no me escuchó a mí. Le advertí que si no disminuía su ritmo de trabajo, sufriría un colapso nervioso. Había acudido a verme para averiguar cuándo le darían el ascenso que esperaba. «Merrill, sinceramente, no veo ningún ascenso. Tiene en el trabajo una cierta competencia de la que no es consciente y la veo en su puesto actual durante por lo menos otro año», le predije. Salió de estampida de la consulta.

Transcurrió el tiempo y cuando se nombraron los ascensos, Merrill no obtuvo ninguno. Su jefe le dijo que apreciaba mucho el duro trabajo que hacía, pero añadió que le faltaban las habilidades de relaciones personales necesarias para la tarea. Reconociendo que necesitaba tomarse un descanso, le sugirió que se tomara unas pocas semanas de vacaciones y que descansara.

—El año que viene volveremos a evaluar su progreso —le dijo.

Merrill se sintió desolada y se hundió en una profunda depresión. Precisamente debido a la depresión acudió de nuevo para hablar conmigo. Le dije que el hecho de no haber sido ascendida no significaba el fin del mundo. «Debe tomarse más tiempo para vivir y disfrutar —le dije—. Está bien trabajar duro, pero ahora se siente estresada y a punto de desmoronarse. Siento que no le ofrecieran ese ascenso. Sé que debe de estar muy decepcionada.» Guardé un momento de silencio para que absorbiera lo que acababa de decirle y luego continué: «En ocasiones, las situaciones aparentemente devastadoras resultan ser retrospectivamente muy útiles. Se le ha dado una oportunidad para reevaluar su situación laboral. ¿Desea realmente continuar viviendo como ha vivido hasta ahora? Se ha convertido en una piltrafa nerviosa y se ha olvidado de divertirse».

Merrill me miró, enojada y luego, como si no me hubiese escuchado, dijo:

—No puedo creer que mi jefe me dijera que me faltaban habilidades para las relaciones personales. Simplemente, intento que todo el mundo haga las cosas del mejor modo posible. ¿Qué hay de malo en eso? Si yo trabajo duro, ellos también deberían hacer lo mismo.

—No todo el mundo tiene las mismas habilidades y las mismas capacidades —le dije—. No debe esperar que todo el mundo sienta lo mismo que usted acerca de su trabajo. Sí, es bueno desear que se haga un buen trabajo, pero me parece que está siendo usted demasiado dura con la gente. Se puede ser firme y amable al mismo tiempo.

—Tenía planeado haber llegado a directora general antes de los veintiocho años y ahora eso no va a suceder —dijo.

—¿Por qué a los veintiocho años? —pregunté.

—Siempre me he puesto objetivos en el tiempo. Terminé mis estudios universitarios a los veintiún años y me gradué en la escuela de estudios empresariales a los veintitrés. Siempre tuve la sensación de que podía hacer las cosas con mayor rapidez que los demás. Es importante para mí.

—Es desafortunado para usted, Merrill. La vida puede seguir muchas curvas y tiene que poder adaptarse. No debe vivir con normas tan estrictas. Nunca tendrá paz en su vida si continúa orientándose de un modo tan firme hacia la consecución de sus objetivos. ¿Qué me dice de su desarrollo espiritual?

—No sé a qué se refiere. No me interesa ninguna iglesia en particular —dijo.

Le expliqué que me refería al servicio y al pensar en los demás. Ella medio me escuchó aunque, evidentemente, no estaba interesada en esta parte de la discusión. Cuando terminó el tiempo, Merrill se marchó, comentando enojadamente que conseguiría el ascenso que buscaba a la próxima ocasión. Nada la detendría. Quería tener el poder que le proporcionaría aquel ascenso. Lo único que tenía que hacer era trabajar aún más duro. Pero yo sabía que Merrill ya no volvería a tener nunca ningún poder real, debido a su ambición implacable. Fue una tragedia, pero tendría muchas más vidas para aprender la lección.

LOS PADRES Y EL PODER

No hay ninguna casualidad en el proceso de nacimiento. El alma que proyecta una nueva personalidad se encarna en el ambiente que sea necesario para equilibrar el karma y promover el crecimiento. Hay un pesado karma en criar a los hijos. Los padres son los responsables de enseñar a sus hijos lo que está bien y lo que está mal porque han elegido kármicamente educarlos. Es deber de los buenos padres ayudar a sus hijos a convertirse en personas fuertes, equilibradas y amables. Los padres tienen que enseñar comunicación a sus hijos. Tienen que estar disponibles para observar, escuchar, discutir y dirigir a sus hijos. Un pequeño acto de crueldad de un niño, si se pasa por alto, se puede convertir en un bumerán, convirtiéndose en un gran defecto de carácter. Los padres ocupan una posición kármica muy poderosa en las vidas de sus hijos.

Tom: la manzana no cae lejos del árbol

Annie, una clienta, tiene un hijo de seis años llamado Tom. Durante su primer día en la escuela, otro niño de ocho años le robó el almuerzo. Tom se enfadó, pero se sintió impotente para luchar contra el otro niño mayor y no quiso decírselo a la maestra porque temía que el otro niño le hiciera daño. Finalmente, habló sobre al asunto con su madre, quien trató de explicarle por qué algunos niños adoptan actitudes de intimidación. Es triste, pero cierto: los niños, como los adultos, pueden ser mezquinos. Actúan con crueldad porque cuando se imponen sobre alguien más débil, eso les hace sentirse poderosos.

Annie le escribió una nota a la maestra de Tom, alertando a la escuela sobre el comportamiento de intimidación. La maestra dio las gracias por esta información y enseñó al otro niño mayor que sus acciones tendrían consecuencias. El niño mayor ha dejado de robar almuerzos y Tom ya no tiene miedo de ir a la escuela.

Se le tiene que enseñar con cuidado

«Permitimos que los demás creen mal karma si les damos el poder para atormentarnos», dijo Lawrence, que utilizó la siguiente fábula para ilustrar lo que quería decir:

> Había una vez un león que devoraba a todas las personas que encontraba. Un gran maestro se le acercó y le dijo: «¿Por qué devoras a personas que no te causan daño alguno? Estás haciendo algo muy malo y pagarás por ello. Estás creando mal karma a tu alrededor». El maestro regresó pocos meses más tarde para ver de nuevo al león. Le sorprendió ver que el animal estaba muy herido y sangrante. «¿Qué te ha ocurrido, león?», le preguntó. «Me dijiste que dejara de devorar a las personas porque era malo, así que hice lo que me dijiste», contestó el león. «Sí —replicó el maestro—, pero no te dije que dejaras de rugir y asustarlos. Ahora, tu complacencia te ha causado un daño a ti mismo y has permitido que todas esas personas creen un karma negativo, porque has dejado que te golpeen.»

La historia del león es aplicable a nuestra propia sociedad. A los niños se les tiene que enseñar a protegerse a sí mismos. Debemos mostrarles lo que está bien y lo que está mal. Tenemos que escucharles muy atentamente cuando emiten incluso un pequeño rugido. Hemos de enseñarles que la burla es cruel e inaceptable, al tiempo que les enseñamos a adoptar una postura cuando son testigos de una injusticia. Debemos asumir responsabilidad personal por el comportamiento kármico en nuestra sociedad. La indiferencia no nos protegerá de los efectos de los bumeranes kármicos de la sociedad.

El horror de los ataques que se están produciendo actualmente con armas de fuego en las escuelas constituye una sobria acusación del karma de nuestra sociedad. Tome el diario de *El poder del karma* y conteste a las siguientes preguntas:

1. ¿Estoy haciendo algo que haga que otra persona se sienta desamparada, impotente, desesperada o alienada?
2. ¿Temo decir lo que pienso cuando sospecho que pueden surgir problemas porque no creo que algo sea asunto mío?
3. ¿Acepto la responsabilidad moral de informar de cualquier incidente que pueda tener resultados peligrosos o incluso trágicos, por muy insignificante que puedan ser?
4. ¿Permito que los demás sepan que pueden hablar conmigo si necesitan hacerlo?
5. ¿Podría mi conducta personal servir de modelo para los demás a nivel de integridad?

Estudie sus respuestas y, si necesita ajustar su comportamiento, hágalo *inmediatamente*. No pierda el tiempo en quejarse o plantear excusas. Se trata de temas de vida o muerte y no hay tiempo que perder. Este ejercicio será beneficioso no sólo para nosotros, sino también para el conjunto de la sociedad.

La historia es el registro de las luchas humanas. Es la suma total de las acciones kármicas y de sus correspondientes reacciones. A lo largo de los tiempos, se nos ha pedido que adoptemos una postura ante el bien y el mal. Esa lucha continúa y cada día que pasa nace una nueva historia. Se nos puede recordar por nuestra grandeza

190

como una sociedad que protegió a los débiles, trabajó en armonía para el bien de todos y promovió los ideales del libre albedrío y la responsabilidad personal. Procuremos que no se nos recuerde como una sociedad egoísta, narcisista y venal. Somos nosotros quienes tomamos la decisión. El futuro está en nuestras manos. La acción de hoy es la historia de mañana.

Tome dos tarjetas de color *púrpura* y escriba:

1. La historia es el registro de las luchas humanas.
2. La acción de hoy es la historia de mañana.

Juego de poder: la historia de Ruth

Mi amiga Ruth estaba colérica porque su novio había dado por terminadas unas relaciones sentimentales que habían durado seis años. Y, sin embargo, me había comentado varias veces que no se sentía feliz y que ella misma tenía la intención de acabar la relación. Pero se sentía rabiosa porque se le había quitado el poder de las manos, al adelantarse él en la toma de la decisión. «¿Cómo se atreve a tomar esa decisión sin haberlo discutido antes conmigo? ¡Quería ser yo la que le dijera que todo había terminado entre nosotros!», gritó.

Nunca había visto a Ruth comportarse así. Le dije que actuaba de un modo irracional. Entonces, dirigió su ira contra mí.

—¿Cómo puedes saber lo que se siente al ser abandonada?

—Ruth, todos hemos experimentado rechazo en algún momento de nuestra vida. No olvides... que tú también querías romper la relación —le recordé.

—Pero no quería que lo hiciera él. Ahora se creerá que todo ha sido idea suya. Todo el mundo pensará que él dominaba en esta relación —replicó.

Ruth estaba angustiada porque se sentía impotente. Intenté razonar con ella, decirle que en el fondo debía sentirse agradecida porque no había tenido que asumir el mal karma de hacerle daño a su compañero sentimental.

—Probablemente, fue él quien inició el final porque tenía la sensación de lo que se avecinaba. No te ha desgarrado el corazón y únicamente ha sufrido tu ego —le dije.

Ruth tardó tiempo en comprender que su problema básico era la necesidad de tener el control en sus manos. No amaba a su novio; lo que verdaderamente le encantaba era ocupar el asiento del conductor. Entonces, le di herramientas que la ayudarían a desarrollar el verdadero poder que procede del autoconocimiento y del amor. Le dije a Ruth que tomara una tarjeta de color *púrpura* y escribiera:

El autoconocimiento es el inicio del poder.

—Lleva esta tarjeta contigo y léela de vez en cuando. Utilízala para marcar la página de lectura de un libro —le dije.

—¿Qué quieres decir al hablar de «autoconocimiento»? —preguntó.

—Conocernos a nosotros mismos es conocer nuestras fortalezas y debilidades y saber cómo controlarlas. Una vez que hemos alcanzado ese autoconocimiento, podemos empezar a dominar y disfrutar de las relaciones personales. Un ego inflado puede constituir un obstáculo importante para establecer una relación gratificante con otra persona, porque entonces quizá neguemos la fortaleza del otro o neguemos nuestra propia debilidad. Eso puede conducirnos a una «lucha por el poder», en la que siempre deseamos ganarle la partida al otro. La mayoría de la gente no se ha tomado el tiempo necesario para examinar su verdadero yo y el resultado es la confusión, la ira y un falso orgullo. Por eso, el autoconocimiento es, de hecho, el inicio del poder —le contesté.

A continuación, le di instrucciones para que tomara otra tarjeta de color *púrpura* y escribiera la siguiente oración, que debía utilizar cada vez que se sintiera impotente:

Le pido a mí yo superior que me ayude a obtener el poder para superar todas las barreras que me impidan alcanzar mi felicidad personal.

Le dije, además, que tomara el diario de *El poder del karma* y escribiera al principio de una página:

EL EJERCICIO DE LA ACLARACIÓN MEDIANTE LA ESCRITURA

Le di instrucciones a Ruth para que trazara una línea vertical en medio de la página, creando así dos columnas. En la columna izquierda debía incluir al menos diez ocasiones en las que se hubiera sentido feliz en la relación sentimental durante los últimos tres meses. En la columna derecha había de incluir todas las cosas de la relación que la habían hecho sentirse desdichada. Ruth pasó bastante tiempo escribiendo en su diario. Cuando me lo mostró, sólo había tres notas en la columna izquierda, mientras que en la derecha había introducido cuarenta y una anotaciones.

Este ejercicio demostró sin lugar a dudas que Ruth lo había aclarado todo mediante la escritura. No había perdido ningún amor, sino que únicamente se trataba de un problema de ego. Este es un ejercicio muy útil que nos ayuda a examinar y ver la verdadera naturaleza de cualquier parte de nuestras vidas. Al conocernos a nosotros mismos y nuestras motivaciones, podemos empezar a adquirir el poder de ser decisivos.

Me alegra poder decir aquí que este trabajo interior ayudó a Ruth a atraer una nueva relación personal mucho más armoniosa. Ahora ya no libra batallas por el poder. La alegría de relacionarse con un compañero en un mismo nivel ha permitido a Ruth ser una persona más amable y consciente. Conserva las tarjetas que escribió y ha hecho copias de ellas para muchas de sus amigas. Ruth ha cosechado el buen karma de una maravillosa relación y también la alegría kármica que procede de ayudar a los demás. Su motivación sigue siendo una búsqueda de una comprensión más profunda, tanto de su propia vida como de la vida en general. Ella es un gran ejemplo de cómo el poderoso autoconocimiento nos ayuda a ganarnos un futuro mejor y más brillante.

MAYA

Lamentablemente, muchas personas confunden el amor con su necesidad de estar a cargo de la situación, de controlar o poseer a otra persona. Eso no es verdadero poder. Eso es maya, una palabra sánscrita que significa «ilusión» o «concepción errónea».

En cierta ocasión, Lawrence ilustró el maya de la siguiente forma:

> Hay una historia antigua de un hombre que camina por la calle y da un salto de temor al ver una serpiente. Se acerca más y se da cuenta de que no es una serpiente, sino un trozo de cuerda. Se echa a reír de sí mismo al comprender que ha reaccionado ante algo que no era real.

Lawrence dice que el verdadero poder está cargado de integridad. No se basa en el temor, la intimidación, la dominación o la fuerza. Hunde sus raíces en la justicia, el honor, la decencia, la tolerancia y la autoestima. Y también tiene sus raíces en la desvinculación.

Tome una tarjeta de color *púrpura* y escriba:

El verdadero poder hunde sus raíces en la desvinculación.

EL PODER DE LA DESVINCULACIÓN

Con el transcurso de los años, muchas personas me han dicho que definen la desvinculación como actuar con indiferencia. En el peor de los casos, dicen, desvincularse es estar totalmente desprovisto de sentimientos por algo o por alguien. Algunos creen que significa

194

tener una mentalidad de «perdedor», es decir, faltarle ambición, no preocuparse por la adquisición. Es una idea errónea bastante común pensar que no se pueda vivir en el mundo y estar desvinculado, que para desvincularse haya que vivir en un monasterio, hacer un voto de pobreza, renunciar a todas las relaciones y vivir solo, perdido entre los bosques. En realidad, vivir en el mundo y estar desvinculado es una prueba mucho mayor del propio carácter que alejarse de las tentaciones mundanas.

La desvinculación no significa indiferencia, sino que implica ausencia de expectativas. La expectativa provoca decepción cuando las cosas no salen tal como queremos. La desvinculación es la habilidad para aceptar lo que es y no preguntarse: «¿Qué pasaría si...?». Si aprendemos a amar cada una de las partes de nuestra vida con desvinculación, no nos sentiremos atados por nuestros propios deseos. Amaremos, entonces, por la pura alegría de amar. Esa es la mayor libertad a la que cualquier persona pueda aspirar. Y es una sensación muy poderosa el liberarse de los tormentos de la «materia». La riqueza, el poder, la fama, las relaciones personales..., todo eso va y viene. La persona que adquiere la habilidad para desvincularse aceptará los dones y soportará las pérdidas. La desvinculación no significa, sin embargo, que tengamos que vivir en las calles, pidiendo limosna. De hecho, el mendigo puede estar mucho más vinculado que el millonario. Se trata de un estado mental. Tenemos que poder vivir con o sin las cosas y mantenernos en un estado de equilibrio interno, sople el viento por donde sople.

Afrontémoslo, todos estamos cargados de «materia». ¿A qué me refiero al emplear esa palabra? Es lo contrario de la desvinculación; es decir, serían vinculaciones de muchas clases. A continuación se indican algunas cosas que podrían ser sinónimos de «materia», entendida en este sentido: pertenencias, efectos personales, cosas inservibles, equipaje, adornos, bártulos, tonterías, disparates y paparruchas. Si, además de eso, el deseo es insaciable y se relaciona con la comida, nos encontramos con un glotón. Si, por ejemplo, se llena una urna electoral con papeletas fraudulentas, se arreglan unas elecciones. En este sentido, el significado de «materia» es muy amplio, tiene multitud de significados, ninguno de los cuales necesitamos tener, ser o hacer. ¿No le parece que es de sentido común que nos sintamos más felices en cuanto aligeremos nuestra carga de «materia» y nos desprendamos de ella? Ese es el primer paso para aprender la alegría de vivir una vida de desvinculación.

EJERCICIO: ALIGERAR NUESTRA CARGA DE MATERIA

Tome el diario de *El poder del karma* y haga una lista de la «materia» de la que le gustaría desprenderse, a nivel físico, emocional y espiritual.

Es bien sabido que la acumulación de cosas inservibles, de trastos, puede ser una señal de sobrecarga emocional o espiritual, aunque no siempre sea así. Hay personas capaces de vivir en un lugar que parece desordenado y confuso para otras, pero que le parece adecuado a quien lo habita. No juzgue, pues, el estilo de vida que hayan decidido seguir los demás.

Digamos que es usted una persona que nunca deja pasar por alto una injusticia que se le haya hecho. Eso es «materia» emocional y puede privarle de su poder, dejándole agotado, seco. Así que, escriba lo siguiente:

Me desprenderé del pasado.

Otro tipo de trasto inservible es una mente iracunda. Algunas personas suelen pasar por la vida con la profunda sensación de haber sido tratadas injustamente. Anote lo siguiente:

No soy una víctima y no actuaré como tal.

Se trata, pues, de un ejercicio muy amplio porque «materia» puede significar cosas diferentes para distintas personas. Una vez que haya decidido de qué desearía desprenderse, ¡hágalo! En cuanto haya dado el primer paso, dé el segundo.

Luego el tercero y así sucesivamente. Eso es trabajo de una vida. No se derrote previamente pensando que es una tarea imposible. Simplemente, empiece a aligerar su carga poco a poco, paso a paso. Con el tiempo, verá los resultados de su trabajo. Piense en el aspecto que tiene un cajón lleno de papeles que no necesita una vez que se ha desprendido de los trastos inútiles, de todo lo que no le sirva; así es como se sentirá su mente con el tiempo. Eso es una verdadera desvinculación.

OTRO TIPO DE DESVINCULACIÓN

Si está pintando un cuadro y lo único en que piensa es en cómo lo recibirán los demás y cuánto dinero le aportará, probablemente se sentirá muy desdichado y, en último término, insatisfecho con su propio trabajo. Ahora bien, si realiza su obra por amor al arte y por la pura alegría de la creación, le agradará mucho lo que está haciendo y será libre para disfrutar del proceso. Si, además, vende el cuadro, tanto mejor. Disfrute del dinero. Si nadie lo compra, cuélguelo de la pared y vuelva a intentarlo; el siguiente puede ser todavía mejor. Esa es la libertad de vivir en el momento, desvinculado de la incertidumbre del «¿Y si resulta que...?». Recuerde que si su karma es el de vender su obra de arte, escribir un gran libro, casarse con una persona maravillosa o adquirir riqueza, lo conseguirá. La clave para llevar una vida equilibrada consiste en seguir sus sueños, en amar y aprender y, al mismo tiempo, permanecer desvinculado del objeto de su deseo. Todas las cosas pasan, mientras que el espíritu permanece.

EL PODER DE LA RESPONSABILIDAD PERSONAL

El ego es el responsable de lo que le ocurre a Sam

Cuando Sam acudió a mi consulta, se sentía iracundo y deprimido. Acababa de ser despedido por tercera vez en lo que iba de año.

Insistió en echarle la culpa al karma de una vida pasada (algo que, en efecto, podría haber sucedido), pero era evidente que su problema actuaba en esta vida. Sam proyectaba una arrogancia que hacía que la gente se mantuviera alejada de él.

Se negó a aceptar cualquier responsabilidad personal por su comportamiento. Vi y señalé incidentes claros, ocurridos en el trabajo, que habían provocado su despido: la grosería demostrada con sus jefes, la falta de respeto por otros compañeros, su habitual falta de puntualidad y su permanente necesidad de ser el centro de atención. El mantra de Sam era: «Soy una víctima... Soy una víctima... Soy una víctima».

Le predije que lo volverían a despedir, a menos que cambiara su comportamiento. Sam dijo que me equivocaba, que era un tema pendiente de una vida pasada y que estaba siendo víctima del karma.

—Sam, me siento honrada de hallarme en presencia de un experto en el karma —le dije con cierta guasa—, pero no veo que aquí haya ningún tema kármico pendiente, sino solamente una cuestión de carácter. Tiene usted el poder para cambiar su historia laboral. Deje de actuar como una víctima y crezca de una vez —le dije cuando ya se marchaba.

Regresó a verme un año más tarde, después de haber perdido otros dos trabajos.

—Está bien —me dijo—, quizás esté haciendo algo mal.

Necesitó haber perdido cinco puestos de trabajo en dos años para decidirse a afrontar su realidad. Era evidente que estaba haciendo algo mal.

—Sam, se peleó con sus jefes por cuestiones triviales. Veo que su último jefe quería que le entregara semanalmente su lista de gastos. Usted se negó, le dijo que era un estúpido y que le daría la lista mensualmente —le dije, dejándolo asombrado ante la exactitud de mi información psíquica—. Sam, el responsable de lo que le ocurre es su ego, no su karma. La aceptación de la verdad es el principio del verdadero poder —le aseguré—. Tiene capacidad para modificar su comportamiento para redirigir su vida laboral desde el caos al equilibrio.

Le dije que escribiera lo siguiente en una tarjeta de color *púrpura* y que la llevara consigo permanentemente:

El verdadero poder se basa en la integridad.

También le dije que escribiera en su diario de *El poder del karma:*

1. Historia laboral: ¿cuántos trabajos y cuánto le habían durado?
2. Razones sinceras por las que perdió sus trabajos.

Sam dedicó bastante tiempo a escribir los detalles de su historia laboral. Se dio cuenta de que tenía que afrontar y controlar su propio mal comportamiento. Se concentró, mañana y tarde, en cambiar su punto de vista desde el de víctima al de vencedor. Tomó abundantes notas sobre su progreso. No fue fácil, pero perseveró. Un año más tarde, acudió a verme de nuevo y esta vez relucía con su nueva actitud positiva. Me informó que ya llevaba diez meses seguidos en su trabajo actual y que se sentía muy feliz. Me agradó poder predecirle que no veía ningún problema relacionado con el trabajo, siempre y cuando continuara por su actual camino kármico. Conseguí transmitirle la necesidad de seguir trabajando en el refinamiento de su comportamiento. No debía bajar la guardia en ningún momento. Me aseguró que la nueva sensación de tener el control de su comportamiento era magnífica. Eso era el «verdadero poder» del que habíamos hablado en nuestra primera sesión. «Me gusta vivir con el "buen karma" que me he ganado», me dijo ese día con una sonrisa, antes de marcharse.

EL ABUSO DEL PODER

Hay personas a las que les encanta ejercer el poder a lo pequeño y otras que disfrutan ejerciéndolo a lo grande. El gusto por el poder siempre causa estragos en la razón. La historia ha demostrado que el poder puede corromper. Muchas personas famosas, dominadas por el afán de poder, han sido destruidas por su egotismo y su sed insaciable de ganancias personales. Pero no hay que ser famosos para destruir la propia vida por un desequilibrado afán de poder.

Eso es algo que le puede suceder a cualquiera. Hay un pesado karma conectado con el uso y abuso del poder. Compruebe que es capaz de manejar la responsabilidad que acompaña al ejercicio del poder, antes de atraerlo hacia usted.

EL PODER DEL PENSAMIENTO

Toda su vida y todos los aspectos de su ser son los resultados directos de su pensamiento. El pensamiento lo es todo; no hay nada sin pensamiento. Toda nuestra vida, así como nuestras vidas pasadas, es la realización física de los pensamientos. Cada aspecto de nuestro ser es un resultado directo de nuestro pensamiento. Este es un proceso increíblemente poderoso. No son solamente las acciones, sino los pensamientos los que crean el karma. Un cuadro es el pensamiento de una imagen pintada sobre el lienzo. Una composición musical es pensamiento convertido en estructura de sonido. Este libro que está leyendo es pensamiento convertido en lenguaje, representado por los símbolos que lo expresan.

Tenemos que aprender a protegernos de nuestros pensamientos, del mismo modo que el centinela protege su puesto de vigilancia. No se permita ninguna negligencia con su pensamiento. Tiene que aprender a disciplinar sus pensamientos hasta que sea capaz de pensar positivamente sin esfuerzo alguno. El pensamiento negativo hace que lleve una vida desequilibrada, lo que crea, a su vez, un mal karma. ¿Qué es el pensamiento negativo? Es cualquier pensamiento de mala voluntad, avaricia, desesperación, ira dirigida contra una misma o contra cualquier otra persona, autocompasión o venganza. Los pensamientos positivos son los de naturaleza amorosa, afable, constructiva, productiva y compasiva.

Para producir buen karma, tenemos que practicar el tener pensamientos adecuados. Todos nos hemos encontrado con personas de las que decimos que son negativas. Seguramente conocerá a esa clase de personas que nunca se sienten satisfechas. Si el cielo es azul, no es lo bastante azul. Si obtienen un ascenso en el trabajo, no es lo bastante elevado. Si se les dirige un cumplido, no es el correcto. Estas pobres almas no son conscientes de que están siendo negativas. Por alguna razón, ese parece haberse convertido en su modus operandi, de modo que siguen viendo el vaso medio vacío, en lugar de medio lleno, preguntándose por qué no se sienten realizados.

No todos los casos de personas «negativas» son tan extremados, pero todas las formas de este tipo de pensamiento no harán sino causar problemas. No sugiero con ello que todos vivimos en la negación, ya que todo el mundo tiene problemas y preocupaciones. Pero tenemos que aprender a desvincularnos, a reconocer nuestros problemas y luego a afrontarlos y solucionarlos según nuestra mejor habilidad. No permita que las melancolías disminuyan su poder. ¿Acaso no tiene sentido que si vive su vida envuelto en un aura de negatividad, no hará sino atraer la negatividad? ¿Recuerda el efecto bumerán?

La ira de Sally

Sally fue asaltada una tarde. Cuando me llamó, estaba histérica. Quería saber por qué era su karma que la hubiesen asaltado. «Seguramente, había más de veinte personas en la calle y el ladrón me eligió a mí. ¿Qué hice en una vida pasada para merecer esto?», me preguntó, llorosa.

—Antes de echarle la culpa de lo ocurrido a una vida pasada, examine esta vida. ¿Recuerda lo que pensaba antes de que eso sucediera? —le pregunté.

Suspiró y contestó:

—Había tenido un día terrible. Me sentía enojada y resentida por mi trabajo. Pensaba en lo mucho que detestaba a mi jefa y en cómo desearía que la despidieran. Ahora que lo pienso, estaba tan iracunda, que ni siquiera me fijé en el tipo que me seguía. Estaba tan ofuscada con mi rabia, que ni me daba cuenta de por dónde iba.

—Sally, gracias a Dios que está usted bien, pero no pase por alto esta valiosa lección. Dejarse envolver por pensamientos negativos puede ser peligroso —le dije.

—Tiene razón —admitió—. Tengo que controlar mis emociones. Mi jefa está bien. Es a mí a la que robaron.

—Tiene que empezar por cambiar su pensamiento y entonces cambiarán las emociones. Siempre es el pensamiento el que nos impulsa a actuar noblemente o el que da lugar a comportamientos devastadores. El pensamiento es como una cerilla. Una vez que es encendida por las emociones, puede crear fuego. Es usted quien elige cómo utilizar la llama. Puede servir para el fuego de la pasión o puede convertirse en un incendio desatado y destructivo», le expliqué.

Me dio las gracias por haberle dedicado mi tiempo y por haberla ayudado a ver que podía cambiar su karma redirigiendo y controlando sus pensamientos. Deseaba saber cómo empezar a seguir su nuevo régimen mental. «Bueno, el primer paso consiste en sustituir la ira por la empatía», le dije y, a continuación, le indiqué la siguiente práctica de meditación.

MEDITACIÓN PARA LA EMPATÍA

El concepto de empatía es muy importante. Significa la habilidad para comprender la forma en que siente otra persona. Quizá no esté de acuerdo, pero la cuestión es ser comprensivos. Debe tomarse tiempo para concentrarse en la otra persona, aunque no le caiga bien y obligarse a sí misma a ver sus méritos y no sus deficiencias.

Siéntese en un lugar cómodo, donde nadie la interrumpa. Deje que sus pensamientos fluyan libremente. Imagine ahora a su jefa en el ojo de su mente. No se permita abrigar ningún pensamiento de ira u odio. Esos sentimientos negativos le harán daño porque destruyen su paz mental. Piense en lo que pueda estar haciendo desdichada a su supuesta enemiga. Luego, proyecte pensamientos amorosos hacia ella y su propia actitud empezará a cambiar. Esta transformación la convertirá en una persona más positiva, haciendo que el buen karma fluya hacia su vida con una mayor facilidad.

El poder de ver el punto de vista de otra persona es muy real. Debería practicar este ejercicio con tanta frecuencia como le sea posible. Sólo necesita emplear unos pocos minutos y puede hacerlo casi en cualquier parte. Cada vez que la ira hacia otra persona se deslice subrepticiamente en sus pensamientos, deténgase, respire y redirija los pensamientos hacia la comprensión. Eso funcionará así en todos los ámbitos de la vida: el trabajo, el hogar, en cualquier lugar en el que sus pensamientos puedan hacer que sea negativa, atrayendo hacia su vida sentimientos igualmente negativos.

EL PODER DE LA PALABRA

Las palabras, como los pensamientos, están vivas. Una vez que se ha dicho algo, ya no se puede retirar. Si causa daño a alguien con sus palabras, la otra persona puede perdonarle, pero el daño ya estará hecho. ¿Cuántas veces se ha sentido en una situación embarazosa y habría querido morderse la lengua antes de hablar? Muchas desdichas sentimentales o errores trágicos se podrían haber evitado si hubiéramos pensado un poco antes de hablar.

Si desea vivir a la luz del buen karma, no tiene que enjuiciar a los demás, ni ser crítico. Son demasiadas las personas que dedican su tiempo y energía a juzgar a sus vecinos y a criticar los hechos de los demás. Si todos nos tomáramos un momento para intentar comprender la naturaleza y el comportamiento de las personas a las que conocemos, se emitirían muchos menos juicios irreflexivos y habría mucho menos dolor innecesario. Para eso se necesita paciencia. Hay un gran poder en la paciencia.

Se necesita un gran autocontrol para mantenerse tranquilos y no adoptar una postura crítica ante la acción de otra persona, pero intente ayudar, en lugar de juzgar. Ayudar, en el buen sentido, consiste en no interferir. Sólo en aquellos casos en los que perciba que alguien puede correr peligro, debería actuar de forma que quizá los demás perciban como una interferencia. Se crea muy mal karma si se permite que ocurra una tragedia porque no dijo a tiempo lo que pensaba.

Recuerde que si escucha un grito de auxilio, su karma es el de responder. No tiene que pensar: «Es el karma de esa persona el haber sido atacada, así que ignoremos lo que le suceda». Haga todo lo que esté en su mano para impedir daños. En muchos casos, unas pocas palabras pueden suponer toda una diferencia entre la vida y la muerte.

Lawrence nunca utiliza las palabras gratuitamente. Instruye, pero nunca juzga. Su naturaleza es la de señalar un problema con objeto de ayudar a resolverlo. Puede ser duro, pero nunca cruel. A Lawrence únicamente le motiva el deseo de servir a todo aquel que conoce. Tiene realmente la paciencia de un santo. Por mi parte, aún me queda mucha paciencia que aprender.

Lawrence siempre sonríe y dice: «Poco a poco, hija mía. Si se obliga a sí misma a ser paciente, estará perdiendo la batalla antes de librarla».

No sirve de nada despilfarrar energía o castigarnos a nosotros mismos por haber cometido errores. Este tipo de ejercicio mental provoca el mal karma de la negatividad y es muy difícil invertirlo. Simplemente, ¡sea usted mismo! Aspire a hacer las cosas lo mejor posible con aquello de que disponga. El sentido del humor le servirá sin fallarle nunca. Se necesita tiempo para aprender el arte de la paciencia y dispone de mucho tiempo. Y recuerde que las palabras pueden herir. La calumnia y la difamación son negativas y nada positivo puede proceder de ellas.

Todo sobre Eve

Mi amiga Diana es una estilista de moda. Tiene una secretaria llamada Eve. Al conocerla, sentí que se hallaba rodeada por una vibra-

204

ción muy negativa: su aura era de un color anaranjado quemado que mostraba un rasgo de celos. Esta joven decía a los demás que Diane había dicho cosas sobre ellos que no eran ciertas. Le advertí a Diane que vislumbraba problemas en el futuro; la llamaba, le dejaba mensajes a Eve y nunca me los devolvía. Conozco el carácter de Diane, de modo que insistí hasta que pude ponerme en contacto personalmente con ella.

Diane se enfrentó a Eve y ésta se hizo la tonta. «Creía haberle transmitido los mensajes de Mary, lo siento», fue su respuesta. Diane lo dejó correr. Según me dijo, no soportaba la idea de despedirla y contratar a una nueva secretaria, ya que entrenar a alguien nuevo suponía mucho trabajo.

«Lo más fácil no siempre es lo mejor. Tu secretaria no es buena y terminará provocando daños, tanto a ti como a tu negocio», le advertí.

Transcurrió el tiempo y Diane observó que algunos de sus clientes no la llamaban desde hacía tiempo. Telefoneó a dos de los más antiguos y quedó extrañada al enterarse de que Eve les había dicho que no llamaran más. Esos clientes le informaron que Eve les había dicho que les cobraría menos por trabajar con ella, dándoles a entender que Diane les cobraba en exceso y que, en ocasiones, les facturaba doble. Diane despidió a Eve ese mismo día. Pero necesitó tiempo para descubrir todo el daño que le había hecho a su negocio. Diane se hizo cargo de la situación y pudo recuperar a la mayoría de sus clientes. Todavía conmocionada por el comportamiento de Eve, Diane me llamó y me preguntó entre llantos: «¿Por qué me ha hecho esto? ¿Qué le había hecho yo a ella? ¿Es esto un problema de una vida pasada?».

«No es más que un caso muy claro de celos en la vida presente. Los celos no tienen ninguna racionalidad. Deja de intentar encontrársela. Sólo tienes que ser más cuidadosa en el futuro para elegir a las personas a quienes confías tu negocio.» Hice una pausa para ver cuál era su reacción.

«Intenté advertírtelo y estoy segura de que algunas de tus otras amigas también te lo advirtieron. Pero no quisiste escucharnos a ninguna de nosotras. Diane, resulta difícil aceptar que la única razón del comportamiento de otra persona sean los celos. Siempre creemos que hemos tenido que hacer algo para que la otra persona actúe con maldad. Algunas personas, sencillamente, están podridas por dentro. Eve nunca será feliz porque vive sumida en un agujero de celos. Es más peligrosa para sí misma que para cualquier otro ser humano. Los celos siempre vuelven como un bumerán, provocando desgarros y tragedias en quienes los han iniciado.»

Supimos que Eve había conseguido un nuevo trabajo y que lo perdió en cuestión de semanas. Habló mal de Diane precisamente a la persona que no debía (un hombre que conocía y respetaba a Diane desde hacía veinte años). El novio de Eve la abandonó sin advertencia previa y ella perdió el depósito de su apartamento. Eve no traía consigo más que un mal karma, debido a su propio comportamiento y a un falso uso del poder. ¡Efecto bumerán!

Diane recogió un poco de karma negativo porque había sido demasiado perezosa para conseguir una secretaria nueva cuando recibió la primera advertencia. Ahora todo le va bien porque es una gran mujer, muy íntegra, que volvió al buen camino en cuanto reconoció la situación.

El poder y el afán de poder no son lo mismo. Un maestro espiritual altruista quizá posea mucho poder, pero no tiene afán por poseerlo, de modo que jamás abusa del que tiene. El individuo egoísta que siente afán de poder desea controlar a los demás. En cambio, la persona desinteresada que tiene poder, se controla a sí misma.

A continuación se indica un ejercicio que constituye un antídoto práctico para librarse del mal karma recogido a causa de la ira, el desdén o la intolerancia.

EJERCICIO: CONTROLE EL TRÁFICO

Digamos que se encuentra en un embotellamiento de tráfico. En lugar de sentirse iracundo y frustrado por algo que no puede controlar, utilice ese tiempo para concentrarse en la compasión y la tolerancia. Simplemente, concentre el pensamiento en esas dos vibraciones positivas. Repítase continuamente esas palabras en la mente, con convicción: compasión y tolerancia. Se desvanecerá así el mal karma recogido de la ira y la negatividad y se recogerá el karma positivo.

Cada uno de nosotros se encuentra cada día con unos pocos minutos de tiempo en los que está ocupado tratando de llegar a alguna otra parte en coche, metro, autobús, tren o a pie. Ese es un momento perfecto para meditar y establecerá un tono positivo durante el resto del día. Sólo tiene que mirar a la gente que le rodea y enviarle pensamientos amorosos. Este proceso tan sencillo y, sin embargo, tan poderoso, creará una fuerza de energía radiante que le envolverá, una fuerza que únicamente atraerá un buen karma hacia usted.

¡*Eso sí* que es verdadero poder!

Tome cinco tarjetas de color *púrpura* y escriba:

1. Hay poder en la paciencia.
2. Haga todo lo que esté en su mano para evitar el daño. Eso crea buen karma.
3. Una persona desinteresada que tiene poder se controla a sí misma.
4. Si oye un grito de auxilio, su karma es el de responder.
5. El poder de ver el punto de vista de otra persona, es verdadero poder.

7. Karma y equilibrio

Si examinamos la vida, vemos que el concepto de equilibrio tiene infinitos significados; gobierna nuestras vidas aunque no queramos ser conscientes de ello. El equilibrio en la salud, la familia, las finanzas, el trabajo y todas las relaciones «en la vida», esa es la clave para la estabilidad y la armonía. El equilibrio es la razón definitiva para vivir numerosas vidas. Seguimos regresando a la tierra, con nuestra cuenta bancaria kármica en la cuna, por decirlo metafóricamente. Desde el nacimiento hasta la muerte, una y otra vez, seguimos el camino del haber y el debe, hasta que el resultado de nuestra declaración muestre un equilibrio perfecto. En ese momento seremos los dueños de nosotros mismos y ya no tendremos que volver a reencarnarnos. Piénselo: podremos permanecer en el mundo del espíritu, viviendo en un estado de absoluta bendición. Nada puede ser mejor que eso.

No obstante, tal como hemos visto, la mayoría de la gente no ve la vida en términos de equilibrio. Ignoran su existencia, rompen todas sus reglas y luego se quejan por las cartas que les salieron cuando, en realidad, fueron ellas las que barajaron las cartas que crearon el bumerán del karma negativo. Al ver la vida a la luz del equilibrio, ¿no tiene sentido que sea sabio dominar, equilibrar nuestro comportamiento y nuestras emociones según nuestra mejor habilidad? Una vez que lo hagamos, podemos canalizar nuestras energías para descubrir la ruta más directa que conduce a la felicidad, que es, naturalmente, una vida equilibrada intensificada únicamente por el buen karma.

EL REGALO DE LA LIRA

Un día, como surgido de la nada, Lawrence me llamó y me pidió que acudiera a reunirme con él en Quebec, en el Château Frontenac. Nos sentamos en el encantador restaurante del hotel y hablamos durante horas. Estaba muy complacido de que mi trabajo psíquico fuera tan bien. Hablamos con gran detalle de mi último libro, *Vida después de la muerte.* Él quería saber qué progresos hacía con este libro, *El poder del karma.* «Debe examinar profundamente el viaje de su propia vida y ese conocimiento la guiará. Tengo un regalo para usted que debería servirle de inspiración.»

Cerró los ojos y se quedó sentado tranquilamente, como si estuviera rezando. Mantuvo su profunda concentración durante quizás un minuto y luego dio una palmada con las manos. Un objeto metálico cayó sobre la mesa, delante de mí, que él había manifestado a través del poder de su mente. Al observar mi vacilación, me dijo: «Puede cogerlo».

Sostuve en la mano un alfiler excepcionalmente hermoso y bien diseñado, de plata y oro. En el centro había una lira, encima de dos trompetas. Una larga partitura musical aparecía entrelazada entre las cuerdas del instrumento. A cada lado de la lira había una flor de seis pétalos. Unas ramas de hojas formaban una cenefa circular perfecta. Lawrence me acercó más la vela para que pudiera observar los detalles de aquel tesoro. La luz parpadeó sobre esta hermosa joya, intensificando aún más su asombrosa belleza. Parecía una joya victoriana, pero no estaba segura de saber de qué época procedía exactamente.

Me quedé transfigurada, mirando fijamente la lira. Lawrence rompió el silencio. «Piense profundamente en el significado del alfiler en forma de lira. Contiene la respuesta a lo que ha estado buscando durante toda la vida. Ha encontrado su filosofía, su grial, aunque nunca le ha puesto nombre. Regrese a Nueva York con su tesoro y desvele el misterio de la lira. Una vez que haya descubierto su significado, habrá encontrado el final para su libro *El poder del karma*.» Nos despedimos al salir del restaurante. Mientras me dirigía a mi suite, me sujeté el regalo de Lawrence cerca de mi corazón.

EL DESCUBRIMIENTO DE LA ARMONÍA

Tras mi regreso a Nueva York empecé a buscar la historia de la lira. Puesto que había estudiado canto desde la infancia, poseía un conocimiento básico de la historia de la música. Recordé imágenes de ángeles tocando liras. Debido a mi ascendencia irlandesa, también acudió a mi mente la imagen celta de la lira. Sabía que Orfeo, el dios del submundo, tocaba una lira, al igual que su padre, Apolo, el dios de la profecía y de la música. Lawrence me había dicho en cierta ocasión que la «lira de Apolo» era un instrumento de siete cuerdas que simbolizaba los misterios de la iniciación espiritual. Pero había sido Pitágoras, al que se acredita el descubrimiento de la escala diatónica, el que finalmente me proporcionó la clave para desentrañar el misterio de la lira.

Se cuenta que un día, cuando Pitágoras estaba meditando sobre la armonía, pasó junto a un taller donde unos hombres golpeaban sobre un yunque. Al escuchar los sonidos de los obreros, percibió las variaciones de tono y él, que era un genio matemático, descubrió la ley de la armonía. Recordé la historia de Pitágoras y, de repente, una luz se encendió en mi cabeza. Había declarado que un alma podía quedar purificada de toda influencia irracional o negativa mediante las canciones solemnes interpretadas en la lira. ¡Y la lira era el símbolo de la armonía y el equilibrio!

Las trompetas en la base de la lira sonaban para despertar a la gente en muchos niveles. En este caso, nos alertaban sobre el poder de la armonía para equilibrar todas las partes de nuestras vidas. Las flores, el símbolo de la belleza, representaban el despliegue y el logro espiritual. Las flores del alfiler guardaban un equilibrio perfecto a cada lado de la lira. Las ramas, del árbol de la vida, rodeaban la lira. El círculo es el símbolo de la fuerza divina universal, que no tiene principio ni fin.

Mientras estudiaba el alfiler, todo quedó meridianamente claro. La armonía era la única respuesta posible para conseguir equilibrio en la vida. Desde que nos conocimos, Lawrence me había estado proporcionando pistas para desentrañar este rompecabezas. Quería que supiera que la armonía es la llave que abre la puerta a una vida de salud, amor, seguridad y, sobre todo, de equilibrio. Durante toda mi vida he estado buscando algo sin ponerle un nombre. Ahora, a través de la pista de la lira, acababa de descubrir la palabra mágica que expresaba el equilibrio de todas las cosas en la naturaleza: armonía. Aquello era como música celestial para mis oídos.

KARMA Y TRABAJO

«Nunca supe lo que deseaba hacer realmente.» «Nunca tuve un trabajo que me permitiera sentirme feliz.» «Detesto el trabajo. No tiene ningún sentido.» «No sé por qué me despiden de todas partes.» «Soy un adicto al trabajo.» Estos no son más que unos pocos ejemplos de cosas que he oído y continúo oyendo decir a mis clientes. Sin armonía en nuestro trabajo hay poca esperanza de llevar una vida equilibrada.

Hay personas que «nacen» como escritores, médicos, abogados, banqueros, camareros, campesinos, camioneros, madres, artistas, etcétera. Esas personas saben desde la infancia lo que desean hacer con sus vidas. Parecen haberse encarnado dotadas de ese conocimiento.

Pero no todo el mundo está tan seguro de saber lo que quiere hacer. La mayoría de la gente tiene que buscar para encontrar un trabajo o profesión que les permita sentirse bien. Cualquier trabajo realizado con dignidad e integridad es una labor noble. Sabemos que cada una de nuestras acciones se nos devuelve como una reacción; entonces, nuestras acciones actúan sobre los demás y las de ellos sobre nosotros. Sería práctico aspirar a amar lo que se hace, aunque se haga mientras se espera a encontrar algo más adecuado. Cualquier acto de amor atrae la felicidad y eso tiene como resultado un buen karma.

La pasión por el trabajo no siempre es un don innato. Se puede adquirir al descubrir un camino de amar el tipo de servicio concreto que se esté prestando. Y eso puede referirse a cualquier tipo de trabajo. No hay que ser sacerdote, médico, terapeuta, maestro, monja o enfermera para tener la sensación de estar sirviendo a los demás. Lo único que se necesita es el deseo de hacer el trabajo de la mejor forma posible. Dedicamos una gran parte de nuestras vidas a trabajar. ¿No deberíamos intentar hacer todo lo que podamos para descubrir aquel trabajo que nos transmita una sensación de alegría y de logro? Ese es un factor importante en nuestros intentos por llevar una vida equilibrada. Sería trágica una vida en la que cada día haya que incluir anotaciones en la deuda de la cuenta kármica debido a la cólera, la pereza, el resentimiento o el aburrimiento, porque eso supondría un despilfarro. Y el despilfarro produce mal karma.

Así pues, tome cuatro tarjetas de color *amarillo* y escriba:

1. Todo trabajo realizado en el espíritu de la armonía produce equilibrio.
2. Puedo descubrir y descubriré el trabajo que me gusta.
3. Una vida en la que cada día haya que incluir anotaciones en la deuda de la cuenta kármica sería trágica.
4. El despilfarro produce mal karma.

Dan salta del barco

Dan se convirtió en abogado porque, en su familia, eso era lo que se esperaba del primogénito de cada generación. Era una tradición familiar que no se discutía; caso cerrado. En una ocasión, Dan intentó hablar con su madre acerca de su temor de que la práctica de la abogacía no le hiciera feliz. Pero ella le dio unas palmaditas en la cabeza y le dijo: «No seas tonto, cariño, en esta familia todo el mundo es feliz». Al no tener el valor para agitar las cosas, fue a Harvard y se graduó como el mejor de su clase. A continuación, fue contratado por un excelente despacho de abogados, donde trabajó durante siete años, entregándose por completo. Caía bien a todo el mundo, era respetado por sus colegas y se estaba considerando la posibilidad de convertirlo en socio del bufete. Según la visión prevaleciente del mundo, Dan «lo ha conseguido». En realidad, sin embargo, se sentía al borde de la desesperación cuando acudió a verme.

—Mary T, ¿puede explicarme qué es el karma? —me preguntó.

—¿De cuántos días dispone, Dan? El karma es un tema muy amplio. Expresado de forma muy sencilla significa «acción». Todo es karma; el pasado, el presente y el futuro. ¿Quiere hablarme, quizá, de su karma en el trabajo? —le pregunté con una sonrisa.

—Ha acertado de pleno —asintió con una expresión de sorpresa.

—Ese es precisamente mi trabajo —le dije.

No hablamos de derecho. Le dije que sabía que era abogado, incluso con éxito, pero que veía su futuro laboral desarrollándose en otro campo muy diferente. Le dije que le veía viviendo en una pequeña isla, con un barco de pesca. Le describí la isla con detalle y añadí que sería feliz y que también se ganaría bien la vida. Dan se echó a llorar. Todo lo que había deseado siempre en la vida era convertirse en un pescador profesional y vivir tal como yo le acababa de describir. Se sentía confundido porque creía que quizá fuese su karma el tener que vivir toda su vida desempeñando una profesión que no era la adecuada para él.

—Dan, su karma es formar parte de su familia. Debe tener el valor para decirles que se propone cambiar de profesión. Tiene que poder soportar su reacción. Es usted una persona muy notable y sé que encontrará una forma de afrontarlo con amabilidad, al tiempo que con firmeza. Dan, si un hombre le tiene miedo a la oscuridad, ¿tiene que permanecer así durante el resto de su vida, o puede superar su temor a través del conocimiento? Fue su karma el convertirse en abogado, y ahora es su karma encontrar la mejor forma posible de abandonar el ejercicio de la abogacía —le dije.

Dan sabía que aquello no sería nada fácil. Tendría que iniciar grandes cambios para alcanzar su sueño. Pero estaba dispuesto a hacer lo que fuese necesario para encontrar el equilibrio que tan desesperadamente echaba de menos en su vida. Le predije que podría cambiar de profesión en el término de tres años.

Dan volvió a verme dos años y medio más tarde, totalmente transformado. Había realizado todos sus deberes, incluidos los más duros; se había enfrentado a su familia y mantenido la firmeza, seguro de haber tomado la decisión correcta. Hizo planes y trabajó duro en su profesión hasta que pudo permitirse el dejarla e iniciar su nuevo negocio.

Supe que iba a ser muy feliz. Había configurado su futuro gracias a la estrategia, el trabajo duro y una visión clara. Su familia no le comprendió, pero lo aceptaron. Dan se mostró amable, pero incorruptible. Sabía que su karma había cambiado porque él había cambiado sus propias acciones. No le echaba al karma la culpa de los años dedicados a ser un abogado que no se había sentido realizado. Aceptó el buen karma que procedía de reconocer el trabajo que equilibraría su vida y disfrutó de cada paso que dio por el camino que le condujo a la realización de su sueño.

Es posible que los pasos de Dan le ayuden también a usted. Anótelos en su diario de *El poder del karma*:

1. Establecer un plan para su futuro.
2. Aceptar que para lograrlo tendrá que trabajar duro.
3. Mantener una visión clara.
4. Mostrarse amable, pero incorruptible.

Peter pincha sobre madera

Cuando Peter acudió a verme, se sentía deprimido porque no se apasionaba por ningún tipo de trabajo. No era perezoso y tampoco esperaba que la vida le resultara fácil, pero se acercaba ya a los cuarenta años y tenía la sensación de ser un inútil. Peter había sido corredor de bolsa, vendedor de software y editor de una pequeña revista. Se había graduado en la universidad con un título en administración de empresas porque no se le ocurrió pensar en nada mejor. Yo había conocido a muchas personas como él en mi trabajo, personas que se embarcaron en cualquier carrera profesional que se les presentó porque no sentían verdadera pasión por ninguna profesión en concreto. «Pensé que quizá pudiera decirme que he nacido para hacer en esta vida», me dijo al sentarse. Me miró con respeto, con una expresión casi suplicante. Su mirada era amable y, sin embargo, triste. Pude percibir su dolor.

Mientras estaba allí sentada, mirando a Peter, noté una fuerte presión sobre mi frente. Eso me alertaba para que me concentrase en los registros aháshicos. Concentré la mirada en el rincón de la sala y vi una imagen muy clara de la vida pasada de Peter. «Tiene usted un gran don para hacer muebles de madera —le dije—. Vivió en un pequeño pueblo alemán hace unos ochocientos años. Aprendió el arte de hacer piezas de madera de un maravilloso anciano muy conocido por la excelencia de su artesanía. El problema fue que, en aquella otra vida, era usted mujer, de modo que nadie le permitió seguir su sueño. —Hice una pausa, realizando un esfuerzo por mantener la imagen un momento más—. El anciano le está diciendo que lo siente, pero que la gente es tozuda y no pueden imaginar a una mujer realizando el trabajo de un hombre. Le asegura que algún día será usted un maestro carpintero.» Luego, la imagen se evaporó con la misma rapidez con la que había surgido.

Miré a Peter, que parecía atónito. «Cuando era pequeño, soñaba con hacer bancos para la iglesia —me confesó—. La única clase que me gustó de la escuela superior fue la de manualidades en el taller. Hice una mesa y gané un premio. Recuerdo que le dije a mi padre lo mucho que me gustaba trabajar con la madera. Pero él se rió de mí y me dijo: "Eso es una afición, no una profesión". Ni siquiera quiso discutir la posibilidad de que yo quisiera ganarme la vida de ese modo. –Los ojos de Peter se llenaron de lágrimas. Se quedó allí sentado, perdido en sus pensamientos, hasta que de pronto preguntó—: ¿Cree realmente que podría ganarme la vida haciendo algo que me gusta?»

«Desde luego que sí —le contesté. Hice una pausa antes de continuar—: En el término de un año podría estar realizando un trabajo que le parecerá increíblemente satisfactorio y en el que se sentirá realizado. Busque a un fabricante de armarios que necesite a un aprendiz. Esa será su forma de introducirse en una profesión y un negocio que le encantarán.»

Ese día, después de que Peter se marchara, acudió a mi mente algo que Lawrence me había dicho: «En la mayoría de los casos, la infancia es la causa principal de la formación o malformación de una persona. Ocupa un lugar importante en el comportamiento humano, en la mayoría de las reacciones y de las emociones. En consecuencia, el árbol crecerá según sean sus raíces, recto o no».

El padre de Peter había sido muy cruel al reírse y al despreciar las aspiraciones y el talento de su hijo. Creó un verdadero caos kármico para Peter y atrajo un mal karma para sí mismo.

Un año después de nuestra sesión recibí una nota de Peter. Había encontrado un puesto como aprendiz, tal como le había predicho. Demostró tener tanto talento que en apenas seis meses empezó a ganar dinero gracias a su trabajo. Decir que Peter se siente como en la luna, es decir poco. Su karma laboral cambió desde la frustración al entusiasmo desbordante.

No siempre obtengo estas imágenes tan claras de la vida pasada de una persona. Es el karma el que toma esa decisión, no yo. Fue el karma de Peter el que pudiera acceder a la información de los registros aháshicos. Fue mi karma el poder transmitírselo a él. Los fenómenos psíquicos pueden ser asombrosos y muy estimulantes, ¿y qué? Lo verdaderamente importante es lo que haga una persona con la información. Peter aceptó ese conocimiento y, gracias a su fe y a su trabajo duro, reconfiguró su vida para alcanzar una mayor felicidad. Mediante sus acciones, confirmó que se había ganado el derecho a tener una lectura de su vida pasada. Pudo superar así la negatividad de su padre y seguir adelante con un trabajo que promueve la belleza y la armonía. Es la prueba viviente de que la vida puede empezar a los cuarenta años.

Tome una tarjeta de color *amarillo* y escriba:

Un árbol crecerá según sean sus raíces.

KARMA, TALENTO Y EL GRAN MOMENTO

He tenido el privilegio de conocer a muchas personas de talento: artistas, bailarines, escritores, decoradores, actores y músicos. Muchas de ellas se ganan la vida gracias a su arte, aunque no sucede así con la mayoría. Después de haber trabajado en música y en el teatro, me siento muy protectora con los artistas. Comprendo la frustración que producen las notas de rechazo de los editores, las puertas cerradas de los despachos de los agentes, las llamadas telefónicas que no se contestan, la aparente imposibilidad de entrevistarse o de hablar con un director. Es cierto que muchas personas bien dotadas son incapaces de pagar el alquiler con su trabajo. También es cierto que aunque sean muchos los llamados, pocos son los elegidos.

El karma juega un papel muy importante en si una persona alcanza la fama, la riqueza, es admirada, respetada o, simplemente, consigue ganarse la vida con su talento. Se necesitan muchas vidas para perfeccionar un arte. El proceso puede ser doloroso, desequilibrador y deprimente si no se comprende bien el efecto del karma. La envida, la amargura y el «No es justo», una frase repetida con tanta frecuencia, son reacciones peligrosas para personas que tratan de alcanzar unos objetivos creativos. Esos sentimientos negativos no harán sino revolverse como un bumerán contra quienes los tienen. Estoy convencida de que podemos aprender del estudio de las vidas de los grandes artistas que han sufrido y que, sin embargo, dejaron un mundo más hermoso gracias a sus dones. Los grandes artistas son mensajeros espirituales.

Estoy pensando en Vincent van Gogh. Hasta que cumplió los veintisiete años, estudió para convertirse en un pastor protestante. Fracasó porque se negó a pasar un examen en latín. Era eficiente en el manejo de cuatro lenguas, siendo el latín una de ellas. No obstante, creía que el latín no ayudaría a la gente porque nadie lo hablaba, así que abandonó la iglesia. Decidió que podría impartir su mensaje de espiritualidad de un modo más efectivo a través de la pintura.

Van Gogh fue un hombre que combinó las formas de pensar oriental y occidental, mucho antes de que se pusiera de moda hacerlo así. Pintó al estilo japonés, con un toque occidental, y estudió las religiones orientales para equilibrar mejor su estilo de pintar. En 1888 se pintó a sí mismo como un monje budista. Sentía una gran pasión por su trabajo, pero únicamente vendió un cuadro antes de su muerte, ocurrida a la edad de treinta y siete años. Su pasión y su extraordinaria visión personal le condujeron a la locura. Y, sin embargo, nos dejó obras de arte inspiradoras de admiración y respeto. Fue su karma el partir de la tierra sin haber podido disfrutar de los frutos de su trabajo.

Rebeca: siempre al pie del cañón

Rebecca me llamó para comunicarme que acababa de conseguir un papel en una obra de Broadway. Llevaba siete años acudiendo infructuosamente a las audiciones teatrales y esta era su primera gran oportunidad. Finalmente, podría dejar su trabajo de servir mesas y podría trabajar a tiempo completo como actriz. Se sentía extasiada y me alegré mucho por ella. Cuando la conocí, cinco años antes, trabajaba muy duro y actuaba representando pequeños papeles a cambio de muy poco dinero o de ninguno. Como les sucede a muchos otros actores, se ganaba la vida realizando cualquier clase de trabajo que pudiera hacer. Pero nunca se quejaba. Siempre estuvo segura de que algún día sería una actriz a tiempo completo.

A Rebecca le encantó el teatro toda su vida y poseía un título universitario en arte dramático. Siempre se sentía feliz cuando una amiga suya conseguía un trabajo profesional y nunca se mostró envidiosa ante la buena fortuna de otra. Solía decirme: «Se me ha dado talento y me gustaría utilizarlo para entretener a la gente. Siempre me he sentido feliz cuando los demás me dicen que han disfrutado con una de mis actuaciones. Me siento muy bien sabiendo que he podido hacer feliz a alguien». Comprendía, de una forma innata, que su talento era un don que podía utilizar para ayudar a otros.

Su actitud le permitía vivir plenamente cada día y seguir tratando de alcanzar su sueño, por muchas desilusiones que experimentara a lo largo del camino. Rebecca estaba segura de saber que, cuando llegara el momento, encontraría el papel correcto para ella. Decía que siempre hacía las cosas lo mejor de lo que era capaz y sabía que no podía hacer más.

Si hubiera más gente que viera su trabajo como lo ve Rebecca, se sentirían más felices. No es nada insólito ser tratado de forma grosera por un camarero en un restaurante, que es en realidad un actor, escritor, músico o bailarín que únicamente trata de ganarse la vida. Es posible que esas personas expresen sus frustraciones, desilusiones y sentimientos de rechazo sobre el objetivo más fácil que encuentran a mano, olvidándose por completo de lo afortunadas que son por tener un trabajo que les permite alimentarse y encontrar cobijo, al tiempo que les permite estudiar y presentarse a audiciones. Si usted se encuentra en esa situación, recuerde que si quiere encontrar trabajo en el campo que haya elegido, este le llegará. Mientras tanto, manténgase en sintonía con la vibración de su trabajo, estudiando, asistiendo a audiciones y haciendo todo lo que pueda en todos los aspectos de su vida, incluido el trabajo cotidiano de pagar las facturas.

En muchas ocasiones he escuchado quejas como las siguientes: «No lo entiendo. Mi amiga acaba de llegar a la ciudad y tres días más tarde ya ha conseguido un papel en una película. ¡No es justo! Llevo dos años asistiendo a audiciones y no he conseguido nada».

Mi respuesta es siempre la misma: «Su amiga se ganó ese papel, pues en caso contrario no lo habría conseguido. Es una cuestión de karma. Se necesitan muchas encarnaciones para perfeccionar cualquier arte. No puede usted saber cuántas vidas estuvo su amiga puliendo y perfeccionando su arte. Siéntase agradecida por el talento que se le ha dado y no se preocupe por el éxito de los demás. Es estúpido y peligroso juzgar su vida comparándola con la de cualquier otra persona. Si lo hace así se envenenará con los celos. Aquello que se haya ganado por sí misma, será lo que llegará a usted. ¿De qué le sirve pasarse el tiempo sintiéndose iracunda y envidiosa? Despréndase de su ira y trabaje para perfeccionar su arte. Disfrute de su trabajo y no se preocupe por el resultado. Siga trabajando, sabiendo que se le ha dado el talento que tiene y siéntase agradecida por ese don».

Tome una tarjeta de color *amarillo* y escriba:

Recibirá aquello que se haga ganado.

Ricky cambia el cuadro

Ricky deseaba ser un músico profesional. Cuando acudió a su cita se sentía derrotado y rechazado. Echaba la culpa al universo por impedirle realizar su sueño. Pero yo vi que Ricky no practicaba su música y que solía estar de fiesta cinco noches a la semana. Se lo indiqué así y él admitió que le faltaba disciplina. Le indiqué que parecía evidente que no amaba su música lo suficiente como para luchar por ella.

—Ricky, a nadie se le sirve el almuerzo gratuitamente. Tienes que decidir en qué deseas concentrarte en la vida. Vas a tener que cambiar drásticamente tu estilo de vida si quieres convertirte en un músico que tenga trabajo —le advertí.

—Es algo realmente duro —dijo con petulancia.

—No te concentras, no ensayas... Bien podrías admitir que prefieres ir de fiesta antes que ser un músico profesional. Eres tú quien toma la decisión. No le eches al universo la culpa de tu propia pereza y falta de dedicación. Concédete un respiro y toma conciencia de que quizás estés confundido acerca de tu verdadero propósito en la vida. Está bien admitir que aquello que buscas es demasiado difícil. Tendrás otras vidas para intentar convertirte en un músico activo. ¿Por qué no lo dejas? —le pregunté.

Aquello conmocionó a Ricky. Lo pensó un momento y luego dijo:

—En realidad, nunca quise examinarme a mí mismo, pero lo acabo de hacer y la imagen que encuentro no es feliz.

—Puedes cambiar esa imagen si lo deseas realmente, Ricky —añadí. A continuación, me describió su infancia y cómo su padre le había dicho que nunca llegaría a nada. Ricky no se había dado cuenta de que estaba poniendo en práctica la predicción de su padre. Su pasado en esta vida todavía le afectaba. Le resalté que ya había dejado de ser un niño necesitado de la confirmación de su padre. Tendría que decidir si quería tomar el control sobre su propio futuro o continuar llevando una vida frustrada y vacía.

Ricky reanudó sus lecciones de música con una nueva concentración y vigor. Hizo un esfuerzo por ensayar por lo menos una hora al día y, con el transcurso del tiempo, observó que ese período se ampliaba a tres horas diarias. Redescubrió su amor por la música y los ensayos dejaron de ser una tarea rutinaria para él. Tardó tres años, tuvo que realizar una serie de trabajos extraños y efectuar un cambio en su estilo de vida, pero en la actualidad ha conseguido un magnífico trabajo en una banda. Me dijo que nunca se había sentido más feliz y que cada día se siente mejor con su trabajo. Lo mejor que le sucedió fue que su padre acudió a oírle tocar. Luego, le dijo a Ricky que se sentía muy orgulloso de él. ¿Quién dice que no se le pueden enseñar trucos nuevos a un perro viejo?

Tome dos tarjetas de color *amarillo* y escriba:

1. No le echaré al karma la culpa de mi propia pereza y falta de dedicación.
2. El universo no es el responsable de que no se hayan realizado mis sueños. Lo soy yo.

EJERCICIO: EN POS DE LA ARMONÍA

La mente no se puede concentrar en dos pensamientos a la vez. Cada vez que entre en su mente un pensamiento de resentimiento, envidia, hostilidad o destrucción, sustitúyalo de inmediato por la palabra «armonía». Todo aquello que procede en la vida de crear buen karma se halla contenido en la armonía: salud, amor, seguridad, fortaleza e inspiración. Armonía significa equilibrio.

Adquiera el hábito de emplear la palabra «armonía» siempre que sienta temor, inseguridad, soledad o ansiedad. Es esencial que entienda la armonía no sólo intelectualmente, sino con todo su ser. No olvidemos que trabajamos para intentar equilibrar por completo nuestras cuentas bancarias kármicas. Lograr armonía constituye el paso más importante en ese proceso.

Por ejemplo, antes de una reunión importante le tranquilizará sentarse y decirse a sí misma: «Voy a entrar en esa reunión en armonía». Repita la palabra «armonía» en su mente y se sentirá envuelta por la serenidad. Esa poderosa palabra mantendrá a raya el mal karma creado por el pensamiento negativo.

Medite sobre la armonía: ámela, intégrela en cada acción, palabra y pensamiento. Llévela dentro de usted, como un tipo de sintonización y cuando se sienta preocupada o temerosa, sáquela a relucir y murmúrela en un canturreo bajo. Siga escuchando la melodía hasta que sienta que se mueve al ritmo del equilibrio y entra en armonía.

ILUMINACIONES

Una iluminación es una acción que conduce gradualmente a un estilo de vida más equilibrado. Cada paso que promueve el crecimiento personal aumenta la luz en nuestras vidas. La luz aumenta el buen karma. Mi intención de ayudarle a configurar su futuro supone el empleo de las siguientes iluminaciones.

El poder de la voluntad y la fortaleza

Para desarrollar su voluntad debe tener una idea de lo que desea en su vida. Tiene que decidir cuál es el propósito de su vida. Sea realista. Si tiene cuarenta años y nunca ha practicado la danza en su vida, nunca llegará a ser una *prima ballerina*, por mucho que lo desee. Pero si es una secretaria y desea ser una ejecutiva, tiene que volver a la universidad y estudiar. Quizá tenga que trabajar a tiempo completo y acudir a clases por las noches durante unos pocos años. La fatiga, las preocupaciones financieras, los problemas de horarios..., tendrá que superarlo todo para alcanzar su deseado objetivo profesional. No será fácil, pero si persevera, no fallará. Lo cierto es que en la vida hay muchas cosas que no son fáciles. Las dificultades se pueden superar con la fuerza de voluntad adecuada, combinada con la fortaleza. La voluntad y la fortaleza son inseparables.

El poder de la voluntad radica en nuestra habilidad individual para dirigirla. Cualquiera puede alcanzar un grado mayor de fuerza de voluntad. Para ello se necesita determinación, paciencia y fortaleza.

No emplee su tiempo en lamentar errores del pasado. Hágase mentalmente el propósito de no repetir esos errores. Si fracasa, dígase a sí misma: «No volveré a hacer esto, porque me hace sentirme desdichada». No importa las muchas veces que tenga que empezar de nuevo, hágalo. Fracasamos porque nos negamos a perseverar. Concéntrese en su propósito y no despilfarre energía castigándose a sí misma porque lo echó a perder.

La fortaleza procede de la experiencia, la repetición, la contemplación y de emular a aquellos que son más fuertes que nosotros mismos. No tenemos que racionalizar la debilidad, sino luchar por superarla. A través del proceso de la contemplación, podemos examinar nuestras vidas y descubrir las razones de los fracasos del pasado. Tenemos que ser objetivos y examinar nuestras buenas y malas cualidades sin utilizarlas como «filtro». Todos tenemos defectos y si empleamos unos pocos minutos al día en examinarnos a nosotros mismos, podemos descubrirlos y trabajar para corregirlos.

Si mantiene el compromiso con su objetivo, llegará el día en que verá los resultados de su trabajo.

Amabilidad

La amabilidad es un componente crítico del equilibrio kármico. Recuerde el bumerán: las acciones, los pensamientos y las palabras poco amables no sólo causan daño al sujeto al que van dirigidas, sino también a aquel que no es amable, aun cuando no sea inmediatamente consciente de ello. Lawrence aconseja que pensemos sobre la amabilidad, diciendo: «Piense en tres personas en su vida hacia las que haya sido poco amable y observe cómo le hizo sentir eso».

Todos somos humanos y así tenemos días buenos y malos. Es posible que no tengamos la intención de ser poco amables, pero en ocasiones son cosas que suceden. La gente que es consciente de sus sentimientos y que está en contacto con ellos se sentirá terriblemente mal al darse cuenta de que no ha sido amable con alguien. Quizá sólo se trate del simple acto de espetarle secamente algo a su ayudante, porque se siente bajo presión. Al dejarse arrastrar por el calor de una discusión, quizá le diga cosas horribles a una persona querida. Una madre puede devastar a un niño con actos aleatorios de falta de amabilidad, y viceversa.

Tome una tarjeta *amarilla* y escriba:

La falta de amabilidad siempre crea mal karma, porque se basa en el egoísmo.

Linda escucha un comentario desagradable

Linda, una cliente mía, nunca ha podido superar que su madre le dijera: «Quítate esa falda... Pareces una furcia». En aquel entonces,

Linda tenía quince años y una amiga le había prestado una falda para que se la pusiera para una fiesta. Estaba de moda y a Linda le pareció que le quedaba perfecta. Le entusiasmaba la idea de mostrársela a su madre, así que se quedó desolada ante el duro comentario de ésta. La reacción irreflexiva de su madre surgió sin pensar; nunca había oído a su madre hablarle con tanta crueldad.

Subió corriendo a su habitación, lloró durante horas y se negó a ir a la fiesta. Resultó que su madre estaba enfadada con el padre de Linda, pero había dirigido su ira contra ella. Linda todavía tiene que luchar contra sus sentimientos de baja autoestima y me dijo: «¿Se imagina que su madre pudiera llamarla furcia? Podría haberme dicho amablemente que no le gustaba la falda. Yo no había hecho nunca nada que mereciese que mi madre me calificase de furcia».

La madre de Linda tuvo que soportar el hecho de que ya no pudiera retirar sus palabras. Le dijo a Linda que lo sentía mucho, pero el daño ya estaba hecho. Efecto bumerán. Linda es una joven dulce, sensible y compasiva, pero sigue experimentando un aguijonazo cada vez que piensa en aquellas palabras tan poco amables de su madre. Ni siquiera hoy se ha podido desprender de su dolor, porque no ha aprendido a desvincularse.

Los padres deben ser conscientes de que los niños aprenden mediante el ejemplo. A los niños se les debe enseñar a ser amables. Los niños egoístas y mezquinos suelen aprender su comportamiento en casa. A menudo, los padres se sienten culpables por algo, de modo que miman a sus hijos y eso también puede ser una gran falta de amabilidad. La necesidad de trabajar largas horas para mantener a la familia deja a los padres con muy poco tiempo para pasar con sus hijos. Eso puede tener como resultado que permitan a los hijos ser exigentes y demostrar falta de cortesía.

A menudo observo a los niños que juegan en el parque, cerca de donde vivo. Me entristece ver que muchos de ellos no están dispuestos a compartir nada con sus compañeros de juego. Muchos chicos son sencillamente mezquinos con otros. Si no se corrige su comportamiento, crecerán convirtiéndose en unos adultos egoístas y mezquinos.

En algunos casos, los padres hacen todo lo que pueden por enseñar amabilidad y respeto a sus hijos y parece que eso no funciona. Es posible que el niño tenga un defecto de carácter que ha traído consigo procedente de una vida pasada. Pero recuerde que el karma se puede configurar. Los padres deberían seguir educando a sus hijos de modo que fuesen buenos y reflexivos. Finalmente, la perseverancia tendrá un efecto positivo.

Del mismo modo que deberíamos esforzarnos por ser buenos con nuestros hijos, también deberíamos actuar así con nuestros padres. La gente que ingresa a sus padres en residencias de ancianos y raras veces o nunca los visita allí, acabarán muy probablemente siendo tratados del mismo modo por sus hijos. No siempre es posible ocuparse de atender a los miembros de la familia en nuestros hogares. Sin embargo, deberíamos intentar ser amables y amorosos y visitarlos con la mayor frecuencia posible.

El lugar de trabajo parece ser un terreno abonado para la falta de amabilidad. ¿Acaso es tan difícil comportarse de una manera decente en el trabajo? Un buen jefe puede ser duro, al tiempo que sigue siendo humano. Con el transcurso del tiempo, cientos de clientes han acudido a verme sintiéndose desesperados por la forma cruel con la que se les trataba en el trabajo.

A continuación se indica un ejercicio que le ayudará a cambiar su puesto de trabajo, de modo que deje de tener mal karma y se llene con buenas vibraciones kármicas:

Tiene que seguir siendo amable, aunque todos los demás se comporten negativamente. Observe cómo el comportamiento positivo y reflexivo serena a los demás. No es nada fácil, pero será muy poderoso. Con el tiempo, podría lograr que todo su ambiente laboral fuese tolerable, e incluso que se pudiera disfrutar de él.

Otro ejercicio para ayudarnos a integrar la amabilidad en todos los aspectos de nuestras vidas es el siguiente:

Tenga el propósito de que lo primero que haga por la mañana y lo último que haga por la noche sea algo amable. Al final de la jornada, piense en todo lo que ha ocurrido durante las últimas cuarenta y ocho horas. ¿Podría haber sido más amable con alguien? ¿Observó una acción cruel y no hizo nada al respecto? ¿Está atrayendo negatividad porque actúa de forma desagradable?

Cada acción que realicemos no nos afecta únicamente a nosotros, sino también a todos los demás. Todos estamos conectados los unos con los otros. La amabilidad tiene un efecto profundo sobre el karma colectivo del universo.

Paciencia

«La paciencia alcanza todo aquello que se propone», dijo santa Teresa de Ávila.

La paciencia es serenidad, tranquilidad, autocontrol, tolerancia, dignidad y la habilidad para resistir sin quejarse. En ese sentido, se la ha considerado como una virtud. No todos nosotros nacemos con el don natural de poder aportar serenidad para soportar las diversas vicisitudes de la vida. Solemos admirar a quienes son capaces de esperar a que sucedan las cosas, sin ira, ni berrinches ni angustias.

Tome una tarjeta de color *amarillo* y escriba:

Sin paciencia, la vida no es más que un prolongado lamento.

Nunca debemos perder de vista el hecho de que tenemos muchas vidas para perfeccionarnos y no sólo una. Hay un tremendo regocijo en experimentar el proceso gradual del crecimiento personal en cualquier ámbito de nuestras vidas. La paciencia es fundamental, ya sea en las relaciones sentimentales, en la educación de los hijos o en el cultivo de las amistades.

Tome dos tarjetas de color *amarillo* y escriba:

1. Los talentos y las relaciones deben ser libres para florecer a su tiempo.
2. Nunca tendré tanta prisa como para perderme la belleza del momento.

Respeto

Cuando respetamos algo o a alguien, honramos, admiramos, queremos, protegemos y defendemos esa cosa o persona. El mundo sería un mejor lugar donde vivir si todos dedicáramos unos pocos minutos cada día para contemplar el poder del respeto y actuar apropiadamente en todos los aspectos de nuestras vidas.

El lamento de Lauren

Lauren se sentía desesperada cuando acudió a verme. Llevaba saliendo con un hombre desde hacía tres meses y, de repente, él había dejado de llamarla. La noche anterior, lo había visto con otra mujer en un restaurante y él, simplemente, la ignoró. Lauren se hallaba en un completo estado de conmoción y deseaba saber que «veía» yo acerca de su relación.

«No sé por qué aceptaría usted esa falta de respeto por parte de alguien —le dije—. Evidentemente, él tiene muy poca consideración por sus sentimientos y estoy convencida de que fue una verdadera bendición que se lo encontrara en esa situación.»

Lauren reflexionó sobre lo que le había dicho. «Pero me dijo que me amaba», acertó a balbucear.

«En este caso, las acciones hablan más fuerte que las palabras, Lauren. No sólo debe escuchar lo que digan los demás, sino que también debe observar lo que hagan. Este hombre demostró una falta de respeto por usted y eso no es aceptable.»

Lamentablemente, en mi consulta he escuchado muchas variaciones de la misma historia de Lauren. Al abandonar la sesión, parecía un tanto aturdida, admitiendo que nunca había pensado en el respeto cuando se trataba de relaciones personales. «No puede haber verdadero amor sin respeto», le dije.

El respeto es algo que se tiene que ganar. Admiramos a las personas por sus logros o por su carácter. Los jefes se ganan nuestro respeto a través de su comportamiento profesional y porque comparten sus conocimientos con nosotros. A los padres se les respeta cuando nos educan para ser personas fuertes, amorosas, corteses, amables e independientes. Los gobiernos son respetados cuando protegen y defienden las libertades individuales de sus ciudadanos. No permita nunca que nadie le trate con falta de respeto. Eso establecería una pauta destructiva y entonces acabaría convirtiéndose usted en una persona resentida y colérica. Se encontraría viviendo en una burbuja de mal karma.

Tome una tarjeta de color *amarillo* y escriba:

Lo similar se atrae. El amor propio es un imán para el respeto.

Perdón

Para perdonar se necesita tener mucha fortaleza. Cuando perdonamos, nuestros corazones se llenan con buen karma. El perdón consiste en negarse a abrigar motivo alguno de rencor, a liberar el odio o el resentimiento y desprenderse de cualquier impulso vengativo. Es un acto de amor que ilumina nuestras mentes. Se necesita una gran cantidad de energía para odiar o para abrigar malos deseos kármicos sobre alguien. Mantener un rencor provoca angustia, nubla nuestra felicidad y crea mal karma. Tener un motivo de rencor o realizar un acto de venganza es algo que se volverá contra usted con el transcurso del tiempo, produciéndole un gran déficit en su cuenta bancaria kármica. Cada vez que perdonamos, incluso la injusticia más ligera, añadimos buen karma que se aplica a equilibrar nuestras deudas kármicas, acercando nuestra cuenta a su punto de equilibrio.

Lawrence me habló de una buena herramienta a utilizar para entrenar nuestras mentes para perdonar: «Cada noche, antes de acostarse, debe perdonar a toda persona que haya cometido alguna injusticia con usted. Habrá oído decir que no es conveniente irse a la cama sintiéndose iracundo con el cónyuge. Esto debería aplicarse a todos. Debería pensar en la injusticia y decirse a sí mismo que no guarda rencor alguno en su corazón, que perdona a todo el mundo. Eso establecerá las paces con todos aquellos que le hayan causado algún daño y también le proporcionará paz interior a usted».

Tome dos tarjetas de color *amarillo* y escriba:

1. Perdonar significa vivir en un estado de gracia.
2. La única ocasión en la que somos totalmente felices es cuando hemos perdonado a todos.

Servicio

Cualquier acto de servicio es un depósito que se ingresa en el banco kármico universal. La única ocasión en la que somos totalmente felices es cuando nos olvidamos de nosotros mismos sirviendo a los demás. Cada vez que estamos ocupados sirviendo a las necesidades de otro, estamos creando buen karma. El servicio influirá sobre nuestro propio karma, además del karma de la persona a la que servimos. Con esa acción les permitimos una mayor paz mental para promover el equilibrio en sus vidas.

Al recoger basura en las calles, estamos sirviendo al medio ambiente. Al votar, servimos a nuestro país. Al escuchar a alguien que necesita hablar, servimos a esa persona. Cualquier acción realizada que beneficie a otros contribuye al buen karma colectivo del universo. Cada uno de nosotros tiene la habilidad para realizar un servicio que permitirá al mundo acercarse un poco más al equilibrio kármico.

EL KARMA EN EQUILIBRIO

En términos prácticos, karma es el nombre que damos al funcionamiento del equilibrio universal. Lo que se hace se devuelve y realmente se cosecha aquello que se siembra. Cada momento de la vida nos proporciona la oportunidad de estar más equilibrados, de crear un karma nuevo y bueno, de dar otro paso por el camino que conduce al autodominio. Este proceso nos permite movernos desde nuestras vidas pasadas, a través de esta vida, hacia nuestras vidas futuras. A pesar de que no podemos cambiar el pasado, de nosotros depende configurar nuestro futuro. Deberíamos sentirnos reconfortados al saber que siempre hay otra oportunidad. No hay prisas. Tenemos toda la eternidad por delante de nosotros. Nadie puede hacer más que lo mejor que esté a su alcance.

En este mismo momento podemos empezar a vivir una vida más feliz y más rica, que añada una gran cantidad a nuestra cuenta bancaria kármica. Podemos trabajar para alcanzar un mayor equilibrio en todos los ámbitos de nuestra vida: salud, sexo, dinero y poder. Regresaremos para aprender unas pocas lecciones más, para buscar un poco más de verdad, para hacer lo que podamos por los demás y para acercarnos un poco más a la perfección. Terminaremos esta vida, nos marcharemos de aquí por un tiempo, regresaremos, recogeremos nuestra cuenta bancaria kármica y seguiremos nuestro viaje en búsqueda del equilibrio. Y, por increíble que pueda parecer, con el transcurso del tiempo, se habrán pagado todas las deudas kármicas, se habrán vivido todas las vidas terrenales, se habrá alcanzado la más completa iluminación y se habrá alcanzado el autodominio.

LISTA DE AFIRMACIONES

CAPÍTULO 1. EL KARMA

La ira incontrolada crea un karma negativo. Es destructiva para mi salud, mi trabajo, mis amigos, mi familia y mi alma. Encontraré formas de controlar mi ira.

CAPÍTULO 2. KARMA Y REENCARNACIÓN

Karma significa acción. Una buena acción produce un buen karma.

Karma significa acción. Una mala acción produce un mal karma.

Veo más karma malo que bueno cuando mi comportamiento es más egoísta que desprendido.

Yo soy mi karma.

Soy lo que soy debido a mis pensamientos, acciones y deseos del pasado.

Creo mi futuro con mis pensamientos, acciones y deseos presentes.

Las acciones nobles y el pensamiento constructivo crean karma positivo.

No malgastaré mi tiempo enojándome porque no puedo recordar mis vidas pasadas.

Aprendemos más sobre las vidas pasadas examinando la presente.

Las habilidades pueden constituir una confirmación más importante de las vidas pasadas que los recuerdos.

Un problema que tengo ahora no tiene por qué seguir siéndolo durante toda mi vida.

Una verdadera experiencia de déjà vu está vinculada a algo de una vida pasada que tengo que resolver.

Sea paciente. Se necesita tiempo para desbloquear los recuerdos ocultos en nuestras mentes subconscientes.

Reflexione siempre sobre las pautas de su vida actual, antes de entretenerse en los ámbitos de las posibilidades de una vida pasada.

Si una persona recibe información exacta sobre una vida anterior, el efecto se verá reflejado en la vida actual.

Donde hay vida, hay esperanza.

No se muere, de modo que no puede matarse a sí mismo.

El karma no tiene calendario.

CAPÍTULO 3. KARMA Y SALUD

Respetaré mi cuerpo y mi mente, para poder vivir con la armonía de una mayor salud.

Haré todo lo que pueda para no infectar nunca a otra persona con mi enfermedad.

El karma del engaño es muy pesado.

El ejercicio excesivo y compulsivo es una mala utilización de la fuerza vital.

Sólo recibimos una cantidad determinada de fuerza vital en la vida. ¡No la despilfarre!

Hay que concentrarse en la solución, en lugar de hacerlo en el problema.

El odio siempre es perjudicial para la salud.

Cualquier problema físico es la elaboración del karma enraizado en esta vida o en otra anterior.

Afrontaré la prueba minuto a minuto.

Si no supero mi adicción en esta vida, naceré con ella en la siguiente.

La fuerza de voluntad está en mi habilidad individual para dirigirla.

Me concentraré cada día en mi objetivo y lucharé por alcanzarlo.

Mi objetivo último es vivir de modo que pueda saborear esta vida y las siguientes como una persona mejor.

Cambiaré mi punto de vista desde uno de privación a otro de integración.

CAPÍTULO 4. KARMA Y SEXO

La pasión sin un fundamento firme es un duro golpe para nuestro buen juicio.

Actuaré según los más altos principios del altruismo. Sólo eso puede salvar mi matrimonio del estado en que ha caído.

El karma no produce víctimas.

Me comprometo a no intimar con nadie a quien no conozca, bajo ninguna circunstancia, hasta que no haya transcurrido un mínimo de cuarenta días.

El pasado no se puede cambiar, pero puedo alterar la forma de permitir que afecte a mi presente.

La energía kundalini sigue la dirección del pensamiento.

Piense en belleza, armonía, equilibrio y servicio y el camino aparecerá totalmente claro.

Los ordenadores no engañan, la gente sí.

Teclear no es como una cita.

Nadie muere y nada se puede borrar.

No se puede vivir sin alimentos y sin agua, pero se puede vivir sin sexo.

La gratitud es la primera regla del desarrollo espiritual.

La verdadera autoestima sólo se obtiene viviendo en equilibrio.

La obsesión puede conducir a la locura.

Un pensamiento obsesivo tiene que ser sustituido por otro constructivo.

Un pensamiento constructivo es aquel que promueve la salud y la paz mental.

No ignore nunca una oportunidad de ayudar a alguien.

La próxima persona que necesite ayuda podría ser usted.

No puedo borrar el mal karma, pero puedo aprender y empezar a crear buen karma en este mismo momento.

El pensamiento positivo, combinado con la acción apropiada, le proporcionará buen karma.

Haré todo lo que sea humanamente posible para pagar todas mis deudas antes de considerar siquiera la idea de declararme en bancarrota.

Si abuso del dinero en esta vida, naceré sin nada en la siguiente.

En el banco universal del karma no se borra nada.

Las deudas no prescriben.

La persona sin hogar a la que hoy no hace caso, puede ser usted en otra vida.

CAPÍTULO 6. KARMA Y PODER

El poder debería tener un efecto positivo en mi vida.

El verdadero poder se refleja en mis cualidades internas.

No seré esclavo de la ambición.

Concentraré mi energía en la excelencia, no en perseguir el poder.

La historia es el registro de las luchas humanas.

La acción de hoy es la historia de mañana.

El autoconocimiento es el inicio del poder.

Le pido a mí yo superior que me ayude a obtener el poder para superar todas las barreras que me impidan alcanzar mi felicidad personal.

El verdadero poder hunde sus raíces en la desvinculación.

El verdadero poder se basa en la integridad.

Hay poder en la paciencia.

Haga todo lo que esté en su mano para evitar el daño. Eso crea buen karma.

Una persona desinteresada que tiene poder se controla a sí misma.

Si oye un grito de auxilio, su karma es el de responder.

El poder de ver el punto de vista de otra persona, es verdadero poder.

CAPÍTULO 7. KARMA Y EQUILIBRIO

Todo trabajo realizado en el espíritu de la armonía produce equilibrio.

Puedo descubrir y descubriré el trabajo que me gusta.

Una vida en la que cada día haya que incluir anotaciones en la deuda de la cuenta kármica sería trágica.

El despilfarro produce mal karma.

Un árbol crecerá según sean sus raíces.

Recibirá aquello que se haga ganado.

No le echaré al karma la culpa de mi propia pereza y falta de dedicación.

El universo no es el responsable de que no se hayan realizado mis sueños. Lo soy yo.

La falta de amabilidad siempre crea mal karma, porque se basa en el egoísmo.

Sin paciencia, la vida no es más que un prolongado lamento.

Los talentos y las relaciones deben ser libres para florecer a su tiempo.

Nunca tendré tanta prisa como para perderme la belleza del momento.

Lo similar se atrae. El amor propio es un imán para el respeto.

Perdonar significa vivir en un estado de gracia.

La única ocasión en la que somos totalmente felices es cuando hemos perdonado a todos.

Índice